L'Économie désirable

Pierre Veltz

L'Économie désirable

Sortir du monde thermo-fossile

LA REPUBLIQUE DES IDEES

Seuil

Collection dirigée
par Pierre Rosanvallon
et Ivan Jablonka

ISBN : 978-2-02-147229-5

www.seuil.com

INTRODUCTION

Face à l'urgence écologique

La crise financière de 2008-2009 était le résultat d'un dérèglement « interne » de l'économie mondiale, d'ailleurs passablement opaque pour la plupart d'entre nous. La crise pandémique est plus facile à comprendre. Un virus se répand et nous remet en mémoire que nos sociétés peuvent aussi être chamboulées, à un degré que personne n'aurait imaginé avant le printemps 2020, par un choc « externe » d'allure aléatoire. Ou, du moins, un choc que notre vision clivée du monde – entre « société » et « nature » – nous fait considérer comme externe. En ce sens, elle est riche de leçons par rapport à la grande crise écologique qui barre l'horizon de nos sociétés, en nous rappelant l'indifférence radicale de la physique et de la biologie à l'égard du destin de notre espèce. Mais la leçon n'est pas seulement philosophique. Elle est aussi pratique.

D'un côté, nous savons que, sans changements profonds de nos organisations économiques et de nos façons de vivre, nous courons à la catastrophe. D'un autre côté, la crise actuelle nous enseigne que même des mises à l'arrêt temporaires de la machine économique vont entraîner des dommages gigantesques et que ceux-ci seront payés principalement par les plus fragiles, à l'échelle nationale et internationale, les pays pauvres et émergents étant les grandes victimes du choc économique mondial plus encore que de la crise sanitaire.

Ce hiatus reste le point aveugle des théoriciens, de plus en plus nombreux et influents, de la « décroissance ». Nous avons besoin de réformes profondes, d'autres formes de vie collective, mais aussi de trajectoires de changement qui ne passent pas par l'accroissement des inégalités, du chômage et de la précarité de masse ainsi que des convulsions sociales dont le mouvement des Gilets jaunes pourrait n'être qu'un modeste préambule.

Si on laisse de côté les rhétoriques lénifiantes du type « croissance verte », le moins qu'on puisse dire est que l'équation de la mutation-profonde-en-douceur n'a pas de solution évidente. Ni de solution unique, du reste : les issues seront multiples, expérimentales, chaotiques sans doute par moments. Ce livre ouvre des perspectives autour de quatre positions de départ.

Une nouvelle grammaire productive

La première de ces positions est que nous n'avons pas d'autre choix que de composer avec le monde tel qu'il est. Les pensées utopistes, grandioses ou minuscules, et les radicalités de toutes natures peuvent être utiles, car elles montrent à nos imaginations bornées que d'autres mondes sont possibles. Mais, si l'on prend au sérieux les rapports du GIEC et de son équivalent pour la biodiversité[1], la conclusion s'impose. Il y a urgence, et nous n'avons pas le temps d'attendre sagement la fin de la révolution.

Cessons aussi de penser, contre toute évidence, que nous aurons le temps de bâtir un gouvernement mondial, ou d'autres chimères de ce genre. La trajectoire de nos sociétés, si l'on exclut

1. IPBES signifie Intergovernmental Science-Policy Platform on Biodiversity and Ecosystem Services.

l'hypothèse autoritaire, devra être *plurielle* dans ses modalités et dans son inspiration. Dominique Bourg et Christian Arnsperger le disent dans un ouvrage qui appelle à des changements profonds dans nos manières de vivre. « Il est impératif que nos démocraties puissent se composer d'une pluralité de mondes vécus évoluant en parallèle. » Et ils citent : « Service public, capitalisme, économie sociale et solidaire, expérimentations alternatives[1] ». Une certaine radicalité – souvent teintée d'intolérance – est la meilleure ennemie du changement.

La deuxième hypothèse de base est qu'il existe des marges de manœuvre, y compris dans le cœur de l'économie dominante (surtout de l'économie réelle ; pour la finance, c'est une autre affaire). La société hyper-industrielle[2] dans laquelle nous entrons présente des ambivalences fortes, des prises sur lesquelles les acteurs peuvent jouer pour renouveler des modèles de développement arrivés à bout de souffle. Une nouvelle grammaire productive se met en place, dessinant un monde très différent du monde industriel du siècle dernier : passage d'une économie des choses vers une économie des usages et des expériences, d'une économie de la possession vers une économie de l'accès, virage engagé du monde manufacturier vers un mode « serviciel ».

Toutes ces tendances, et d'autres encore, vont dans le sens d'une économie non pas immatérielle, mais plus légère dans son empreinte, une économie qui devrait permettre d'épargner les ressources tout en restaurant des univers de sens pour des consommateurs aujourd'hui enfouis dans un absurde empilement de possessions. Identifier ces ouvertures, et mettre en place des politiques pour les intensifier, n'équivaut nullement à succomber

1. Christian Arnsperger et Dominique Bourg, *Écologie intégrale. Pour une société permacirculaire*, Paris, PUF, 2017.

2. Je me permets de renvoyer à mon livre, *La Société hyper-industrielle. Le nouveau capitalisme productif*, paru en 2017 dans cette même collection, dont celui-ci constitue la suite.

à la naïveté du « capitalisme vert », à cette idée répandue dans certains milieux dirigeants selon laquelle, comme d'habitude, le capitalisme trouvera en lui-même les ressources pour dépasser ses propres crises. Ce n'est pas la thèse de ce livre.

Quoi produire ?

La troisième position est qu'il est crucial de retrouver une perspective positive, de construire le récit d'une *économie désirable*. En dehors de la vision profondément anxiogène du désastre écologique possible, vision renforcée par la pandémie, le seul récit positif dont nous disposons aujourd'hui est celui de la révolution numérique. Or il faut bien reconnaître que la digitalisation du monde et plus généralement les progrès des sciences et des technologies, dont les promesses restent excitantes pour beaucoup d'entre nous, ont échoué à dessiner une perspective mobilisatrice largement partagée.

Le techno-pessimisme ne cesse de marquer des points, bien aidé en cela par l'hégémonie et les errements des GAFAM, la montée des inégalités liées à leur position dominante – renforcée par la crise du Covid –, sans parler de la dérive orwellienne de la Chine. Quel peut être ce récit positif, dès lors ? On touche ici à un angle mort de la pensée écologiste, dominée par la question du « comment produire ? » (de manière plus sobre, avec moins de ressources, en polluant moins) plutôt que par la question du « quoi produire ? » (quels secteurs faut-il développer ? quelles activités ? quels types d'emplois ? Etc.).

Cette dernière question est pourtant cruciale, car il faudra bien trouver des relais en emplois pour compenser les suppressions qui s'annoncent massives dans les secteurs du complexe thermo-fossile. De tels relais existent. Ils résident notamment dans l'immense champ de l'extension des capacités des individus (autour de la santé et de l'éducation, pour simplifier) et de la réinvention de nos espaces de vie partagés (villes, nouvelles organisations collectives et territoriales permettant des vies plus saines, plus autonomes). L'individu – son corps, son cerveau, ses émotions – et ce qu'on pourrait appeler l'« écoumène », c'est-à-dire la Terre rendue habitable : voilà les deux pôles de l'économie du futur.

Rien d'utopique ou d'angélique là-dedans ! Car il se trouve que ces secteurs sont déjà les moteurs principaux de la demande dans les pays développés. La seule révolution nécessaire est mentale : comprendre enfin que la santé, l'éducation, la culture, mais aussi la mobilité, l'habitat, secteurs fortement socialisés dans nos pays pour de multiples raisons historiques, ne sont pas des charges pesant sur l'économie dite « productive », mais qu'ils doivent être reconnus comme les moteurs essentiels de la création de valeur dans le monde de demain – y compris de valeur industrielle ou hyper-industrielle « exportable ».

La quatrième position consiste à sortir de l'illusion très largement partagée selon laquelle l'accélération de la transition – terme bien doux, car elle ne sera sûrement pas lisse – serait d'abord une affaire de moyens et de volonté politique pour dégager ces moyens. L'argent public et privé est surabondant. Ce qui manque est une boussole et une méthode pour déclencher et structurer les projets : projets locaux et spécifiques, mais aussi et surtout nouvelles « infrastructures » (physiques, normatives, logicielles) permettant d'orienter et de coordonner les investissements privés ou publics atomisés.

La grande différence entre la révolution numérique et la révolution verte que nous appelons de nos vœux est là : nous ne voyons rien de comparable aux investissements étatiques massifs qui ont déclenché la première, et qui sont l'envers oublié de la mythologie des garages de la Silicon Valley. Tous les plans de relance et de financement verts risquent d'arroser le sable si nos sociétés ne sont pas capables de définir ces cadres généraux suffisamment structurés, aux échelles européennes et nationales, pour être vraiment transformateurs. Deux grands chantiers s'ouvrent ainsi : celui de formes étatiques renouvelées, qui permettent de piloter un changement de paradigme que les marchés de la finance ou le darwinisme de la technologie sont incapables de conduire ; mais aussi celui de nouveaux partages du pouvoir, dans l'espace public et dans les entreprises, permettant à la créativité des acteurs de s'exprimer pleinement.

Préparer la bifurcation

Ce livre comprend six chapitres. Les deux premiers exposent les enjeux de la transition, en insistant sur la dimension industrielle qui est présente, directement et surtout indirectement, dans tous les champs concernés (énergie, construction, mobilités, alimentation). Le personnage central de ces deux chapitres pourrait être la Reine rouge de Lewis Carroll : celle qui fait courir ses sujets sans qu'ils avancent d'un pouce. Car le constat est qu'il existe des marges considérables en termes d'efficacité pour la réduction des émissions carbonées et pour les consommations de matières, mais que ces gains sont systématiquement menacés voire inversés par l'explosion des consommations. De ce fait, il n'existe aucune autre solution que la sobriété, la transformation de nos modes de consommation, mais aussi de nos organisations et de la conception même de nos biens et des services, devenus souvent inutilement sophistiqués.

Le chapitre 3 présente la perspective d'une économie désirable et explore l'idée du recentrage de nos investissements et de nos modèles de développement vers une économie que j'appelle « humano-centrée », autour de domaines comme la santé, l'alimentation, l'éducation, la mobilité, la culture, le divertissement et la sécurité. Cette économie consacre la centralité de l'individu, du corps, de la production et du soin de la vie, tout en appelant la revalorisation des métiers du lien interpersonnel comme source majeure de création de valeur.

Les chapitres 4 et 5 décrivent et interrogent le « tournant local » de nos sociétés, qui comporte de multiples dimensions et se déploie sur un arc-en-ciel idéologique varié, mais part d'un même postulat : face à l'impuissance des États, seul le niveau local est désormais capable de dessiner des perspectives mobilisatrices. Agissons petit, mais agissons. L'écologie est le langage privilégié de ce retour à la proximité.

Ces deux chapitres soulignent le dynamisme révélé par un foisonnement sans précédent d'initiatives locales, parfois microlocales, et l'énergie qui est ainsi injectée dans la dynamique du changement. Mais ils évoquent aussi les risques encourus lorsque la valorisation du local tourne au « localisme ». Ils mettent en garde contre les tentations de repli et la sous-estimation des interdépendances entre territoires, à l'échelle nationale et internationale.

Le chapitre 6, enfin, aborde les grandes voies macrosociales du changement : fiscalité, finance verte et « *green tech* ». La thèse défendue est qu'aucune de ces pistes n'est en mesure de conduire à un changement de paradigme. Il n'est pas d'exemple historique où un tel changement – une bifurcation plutôt qu'une transition – se soit réalisé autrement que par une forme d'intervention politique de grande ampleur, des investissements publics massifs et un cadrage de type « planification ». Nos États, qui ont tellement intériorisé le fait d'être d'abord les garants des marchés, en sont-ils encore capables ? Et comment réinventer ce cadrage sans retomber dans des formes centralisées d'un autre temps ?

Ce livre ne présente pas les « fondamentaux » de l'analyse du changement climatique, de l'érosion de la biodiversité ou des politiques internationales[1]. À la lecture des travaux scientifiques qui s'accumulent, il apparaît évident que le sujet de l'urgence

1. Il existe pour cela d'excellents ouvrages, en particulier celui de Christian de Perthuis, *Le Tic-tac de l'horloge climatique. Une course contre la*

écologique (climat, biodiversité) domine désormais tous les autres – avec le défi social, qui est intimement lié. Aujourd'hui, il est temps de multiplier les ponts entre les analyses directement focalisées sur l'écologie et celles qui concernent les évolutions globales de nos économies, les trajectoires des systèmes productifs, celles de la finance, des régulations publiques et des structures territoriales.

montre pour le climat, Louvain-la-Neuve, De Boeck Supérieur, coll. « Planète en jeu », 2019, avec une préface de Jean Jouzel.

CHAPITRE 1

Efficacité

En août 2020, une étude de l'université de Leeds a révélé que l'élévation du niveau des mers suivait la prévision la plus pessimiste des modèles[1]. Pendant la fermeture de l'économie, la crise écologique continue. La pollution atmosphérique dans les mégapoles a chuté, mais le réchauffement climatique est lié aux stocks de gaz à effet de serre (GES), pas aux flux. Il faut donc une réduction de longue haleine pour stabiliser ce stock. Tout le drame est là.

2020 sera l'année la plus chaude jamais enregistrée en France. La trajectoire à +1,5 °C proposée comme objectif par le GIEC paraît de moins en moins crédible. Pourrons-nous, dans le très court laps de temps qui nous est donné, faire évoluer suffisamment nos modes de produire et de consommer pour rester dans des limites acceptables ? Certains pensent que la bataille est perdue d'avance. Mais avons-nous un autre choix ? D'autres rappellent, non sans raison, que la bataille principale ne se joue pas en Europe, mais en Chine et en Asie, demain en Afrique. Sans doute, mais est-ce une raison pour ne pas assumer, aussi vigoureusement que possible, notre part du combat ?

1. Anna E. Hogg, Ruth Mottram et Thomas Slater, « Ice-sheet losses track high-end sea-level rise projections », *Nature Climate Change*, 31 août 2020.

La question a plusieurs volets. Il y a celui des émissions de GES et de la décarbonation de nos économies, à commencer par l'énergie. Mais il y a aussi celui – dont on parle moins – de la raréfaction des ressources, minérales et métalliques en particulier, déjà évoquée dans le rapport du Club de Rome il y a un demi-siècle (1972), bien avant qu'on parle du réchauffement. Ces deux sujets sont intimement liés.

Quant aux réponses, elles relèvent de deux registres. Le premier, sur le versant de l'offre, est celui de l'*efficacité*. Des marges de manœuvre (très) importantes existent pour faire évoluer la « productivité des ressources » de la machine industrielle mondiale, qui est aujourd'hui globalement médiocre. Mais ce ne sera pas suffisant. Car le fait majeur est que les gains d'efficacité sont systématiquement annulés et débordés par la croissance de la demande. Des voitures plus efficaces, mais de plus en plus de voitures !

L'éclairage fournit un autre exemple. Depuis les premières lampes électriques, la quantité de lumière émise par unité d'énergie a été multipliée par 3 000, soit le record de progression pour nos objets quotidiens. Le résultat ? Une explosion de la consommation, des villes visibles de nuit par satellite, sans parler des perturbations de la biosphère par la pollution lumineuse nocturne.

Aucune réponse au grand défi n'est donc possible sans des évolutions substantielles du côté de la demande. C'est le deuxième registre. Cela s'appelle la *sobriété*, la transformation de nos modes de vie et de consommation. Les choix individuels sont importants. Mais l'enjeu est surtout celui de la redéfinition collective de nos priorités. Il est systémique, alors que nos politiques publiques sont presque toujours enfermées dans les silos sectoriels des administrations.

Si nous utilisons davantage de voitures, c'est parce que nos politiques urbaines (ou plutôt l'absence de politiques) ont dessiné un habitat dispersé, de lotissements émiettés qui condamnent les habitants à la (double) voiture. L'industrie joue un rôle central, direct et indirect. Comme secteur d'activité, elle constitue un levier de changement plus facilement actionnable que l'organisation urbaine. Mais, en réalité, elle n'est pas un secteur parmi d'autres. Elle est omniprésente par ses produits, ses outils, ses méthodes, sa culture.

Le monde hyper-industriel

Le discours dominant sur l'industrie oscille entre une image à la Zola, celle d'un monde polluant et sombre par nature, et le poncif selon lequel nous serions désormais entrés dans une ère post-industrielle, une économie de plus en plus dématérialisée et composée de services, sans forte empreinte physique. Ces deux images sont fausses. L'industrie manufacturière est loin d'être uniformément « propre » et décarbonée. Il est vrai que nous avons souvent externalisé les pollutions vers des pays moins regardants. Mais les progrès ont été très substantiels[1]. Et, loin d'être post-industrielle, notre société est devenue *hyper-industrielle*.

Trois raisons justifient l'usage de ce terme. D'abord, l'industrie, au sens sectoriel restreint, reste au cœur de l'économie mondiale. Elle n'emploie directement que 400 millions de personnes environ, mais elle tire le reste des économies car elle concentre les îlots de haute productivité. Jamais on n'a fabriqué autant d'objets pour autant de consommateurs. Cette industrie n'est nullement réfugiée dans les nouveaux pays industriels. En volume absolu, la montée de la Chine est un changement

1. *Grosso modo*, l'industrie manufacturière est responsable d'un petit quart des émissions de GES dans le monde (dont la moitié pour le ciment, l'acier, l'aluminium et la chimie). En France, on est aux environs de 20 %. Mais l'industrie est évidemment impliquée dans tous les autres domaines (transports, bâtiment, agriculture). Je m'intéresse ici au modèle industriel et pas seulement au secteur.

spectaculaire. Mais, en valeur ajoutée par habitant, le pays le plus manufacturier du monde est la Suisse, suivie de près par d'autres pays européens (notamment alpins) et les États-Unis.

La grande majorité des pays émergents, loin de nous dépouiller de notre industrie, peinent à rester dans la course, tant le secteur devient techniquement sophistiqué et donc dépendant d'écosystèmes de services et de compétences pointues, qui ont tendance à se regrouper dans quelques pays ou régions plateformes. Ce mouvement est violemment accentué par la crise du Covid, qui a provoqué un repli massif des capitaux investis dans les pays émergents. Beaucoup d'objets sont encore fabriqués dans des pays à bas salaires dans des conditions de travail inacceptables et avec des exigences environnementales réduites : c'est le cas de l'habillement. Mais la réalité dominante est celle d'une industrie mondiale de plus en plus capitalistique, avec des processus de fabrication très automatisés, de plus en plus recentrée géographiquement à proximité des marchés de consommation les plus porteurs.

Deuxièmement, les vieilles distinctions entre industrie et services sont de plus en plus artificielles. Les deux mondes sont de plus en plus imbriqués. Si l'on considère les chaînes d'activité complètes, on constate que la diminution des emplois dans les phases de fabrication (beaucoup plus automatisées) s'accompagne d'une forte croissance à l'amont (bureaux d'études, marketing) et à l'aval (interfaces avec les marchés). L'éloignement entre les emplois et la transformation physique de la matière est un mouvement de très longue haleine et de vaste portée. Il s'est d'abord opéré au sein même des ateliers, où les activités de production directe ont été progressivement déplacées vers des activités de surveillance et de maintenance des machines. Il s'opère aujourd'hui à l'échelle sociale. De nombreuses tâches qui étaient des tâches de proximité et de temps réel s'accomplissent à distance (parfois très grande) et en temps différé. On sait, par exemple, piloter des usines automatisées à distance.

Nous entrons dans un monde en miroirs numériques, où les objets sont définis par leur maquette virtuelle (jumeau numérique) et duplicables à l'infini, à coût marginal de plus en plus faible. La période du confinement nous a fait prendre conscience de l'ampleur (déjà effective et plus encore potentielle) de cette dissociation. Or celle-ci rend de plus en plus difficile l'affectation territoriale de la création de valeur, mais aussi de la pollution ou de l'empreinte carbone. Dès lors, considérer que la baisse des emplois ouvriers directs nous conduit vers une société post-industrielle est aussi absurde que de considérer que nous serions entrés dans une société post-électrique parce qu'il n'y a plus beaucoup d'opérateurs dans les centrales[1].

Enfin et surtout, les activités du monde des services et du monde manufacturier sont de plus en plus convergentes quant à leurs méthodes et à leurs modèles économiques et technologiques. Les services s'industrialisent. Les industriels s'orientent de plus en plus vers des modèles économiques de type « serviciel ». Ils considèrent qu'ils ne vendent plus des objets, mais des solutions, des fonctionnalités, des usages, voire des expériences attachées à ces objets. Les exemples se multiplient : le fabricant de pneus vend des kilomètres parcourus, le constructeur automobile vend des services de mobilité et non plus des voitures, fussent-elles électriques, l'industriel de la santé vend des packages machines médicales/services.

Un double passage s'opère : celui d'une économie des objets à une *économie des usages et des expériences* ; celui d'une économie de la propriété à une *économie de l'accès*. Cette mutation n'en est qu'à ses débuts. Elle constitue l'une des lignes les plus prometteuses pour aller vers une économie plus écologique.

1. En France, lorsqu'on ajoute les activités manufacturières, les services directement associés et les grands services industrialisés (énergie, transports, réseaux urbains, télécoms), on arrive à une valeur ajoutée totale plus proche de 30 % du PIB que des 11 ou 12 % généralement affichés.

Une planète augmentée

Le discours sur la société post-industrielle a longtemps présenté l'économie comme étant de plus en plus légère, « immatérielle ». La prise de conscience écologique a heureusement dissipé ces sornettes. Car l'empreinte matérielle de la société hyper-industrielle est croissante, y compris dans le domaine des « purs » services.

Les chiffres sont assez vertigineux. La globalisation – l'extraordinaire bond en avant de la connectivité qui caractérise le dernier demi-siècle – et l'urbanisation massive du monde et surtout de l'Asie entraînent d'énormes dépenses d'infrastructures. Ces dépenses ont plutôt plafonné, voire diminué en Amérique du Nord et en Europe, au point de susciter régulièrement quelques cris d'alarme sur les risques de vétusté. Mais cette stagnation ne doit pas cacher l'explosion constatée à l'échelle mondiale. Villes, ports, tunnels, ponts, aéroports, réseaux ferroviaires, réseaux électriques, fibres optiques et câbles sous-marins, satellites, pipelines : le montant estimé pour la dépense d'infrastructure mondiale, tirée par l'Asie, se situait en 2010 entre 3 000 et 5 000 milliards de dollars par an, soit sensiblement plus que les dépenses militaires. Certaines projections parlent même de 9 000 milliards en 2025.

Nous vivons en réalité sur une « planète augmentée » par un maillage de plus en plus serré d'artefacts. L'impact sur les ressources minérales est en proportion de cette croissance. Ce sujet a été longtemps éclipsé par celui de l'énergie. Mais aujourd'hui, nous réalisons l'ampleur des prélèvements opérés sur le corps matériel de la planète (en dehors du charbon, du pétrole et du gaz) par les industries extractives. Selon Georges Calas, l'importance des volumes extraits ou simplement déplacés par l'industrie minière mondiale dépasse aujourd'hui l'érosion naturelle[1].

1. Voir Georges Calas, « Les ressources minérales, enjeu majeur du développement durable », *Leçons inaugurales du Collège de France*, Paris, Collège de France/Fayard, 2015.

Ce sujet a été porté sur le devant de la scène par la découverte de la dépendance du monde à l'égard de certains métaux (terres rares) essentiels pour de nombreux biens de haute technologie (batteries, électronique, photovoltaïque) et dont la Chine a le quasi-monopole[1]. Mais le sujet concerne aussi des ressources beaucoup plus courantes, qui sont à la base de nos matériaux les plus ordinaires : ciment, acier, papier, aluminium, plastique. Ces cinq matériaux à eux seuls sont responsables de 55 % des émissions de CO_2 de l'industrie. Leur demande a quintuplé depuis 1960 et elle est toujours en forte croissance[2]. Certains chiffres sont à peine croyables : pour ses villes et ses infrastructures, la Chine a utilisé en trois ans (2011-2013) près d'une fois et demi plus de ciment que les États-Unis durant tout le XXe siècle[3].

N'imaginons pas, d'autre part, le monde des services comme un monde léger, par contraste avec le monde pesant des machines industrielles et des infrastructures. Les activités de services sont souvent inséparables d'une trame matérielle très lourde. Un employé de bureau travaillant à la Défense n'actionne pas directement des machines coûteuses. Mais le coût (énergie et matière) de son activité ne peut pas être séparé de celui de la ville. Derrière toute activité, aussi légère soit-elle en apparence, il y a désormais un « back-office » labyrinthique d'objets et de processus dont on a du mal à cerner les limites.

1. Voir Guillaume Pitron, *La Guerre des métaux rares*, Paris, Les Liens qui libèrent, 2018 ; Philippe Bihouix et Benoît de Guillebon, *Raréfaction des métaux. Un nouveau défi pour la société*, Les Ulis, EDP Sciences, 2010 ; et Ugo Bardi, *Le Grand Pillage*, Paris, Les Petits Matins, Institut Veblen, 2015.

2. Voir les travaux de l'université de Cambridge : Julian Allwood et Jonathan Cullen, *Sustainable Materials. Without the Hot Air,* Cambridge, UIT Cambridge, 2015.

3. Chiffres de l'US Geological Survey, donnés par Vaclav Smil, *Making the Modern World. Materials and Dematerialization*, New Jersey, John Wiley & Sons, 2014.

L'exemple du numérique est emblématique. Pris parfois comme symbole d'une société de plus en plus dématérialisée, le monde numérique est en réalité très « lourd » en énergie, en matériaux, notamment en métaux rares. Le numérique, ce sont des câbles sous-marins, posés en continu par de gigantesques bateaux. Ce sont des satellites-relais et, maintenant, des constellations de micro-satellites pour absorber la croissance explosive du streaming. Ce sont de gigantesques fermes de serveurs, pour abriter le *cloud*, souvent situées dans des endroits assez exotiques, notamment dans le monde arctique. Fin 2019, Google a annoncé un investissement de 3 milliards de dollars pour ses *data centers* européens, le principal étant situé au nord de la Finlande.

J'y reviendrai dans le chapitre suivant. Contentons-nous pour l'instant de noter que le niveau global d'émissions de GES du numérique est d'environ 4 % des émissions mondiales en 2019, mais avec une très forte croissance (de 8 % par an), conduisant à 8 % du total mondial dès 2025, soit le même ordre de grandeur que les voitures et les deux roues motorisés aujourd'hui.

Dématérialisation ?

Lorsqu'on discute avec des industriels, on est souvent frappé par la relative sérénité avec laquelle ils abordent les questions écologiques. Une des raisons est qu'ils n'ont pas attendu l'écologie pour travailler à l'augmentation de l'efficacité des processus de production, en termes de consommation d'énergie comme de matières. Et ils l'ont fait avec succès. Notre monde encore gaspilleur est incomparablement plus efficace, qu'il s'agisse de l'énergie ou des ressources de matières, que celui du passé, même proche.

Un chiffre en donne la mesure. La Chine, premier émetteur mondial de GES en volume absolu, a aujourd'hui un niveau d'émissions par habitant en 2012 qui est environ deux fois inférieur à celui de nos pays occidentaux lorsqu'ils étaient au même stade de développement (mesuré par le PIB/tête). Il est proche de celui qui était le nôtre à la fin du XIXe siècle, dans une société encore essentiellement agraire.

La « dématérialisation », entendue non pas comme un recul global de la matérialité de l'économie, mais comme la réduction du volume de ressources nécessaire pour satisfaire une fonction utile donnée, est au cœur de notre modernité. Il y a certes des dématérialisations en trompe-l'œil, qui résultent d'un transfert d'usage de ressources (comme c'est souvent le cas dans la numérisation : on utilise moins de papier, donc de bois ou de chiffons, mais plus d'autres ressources, minéraux nécessaires à l'électronique, notamment).

Mais la dématérialisation effective, mesurée par exemple par le ratio masse/fonction, masse/volume ou masse/puissance dans une filière donnée, est spectaculaire. Vaclav Smil, chercheur canadien qui est une source inépuisable de données sur ces sujets, en donne de très nombreux exemples. La première voiture d'Otto en 1874 avait un rapport masse/puissance de 900 g par watt de puissance. La Mercedes 35 de 1901 se situait à 8,8 g/W. Aujourd'hui, les automobiles sont entre 1 et 1,5 g/W. Le record appartient aux ordinateurs, loi de Moore aidant[1]. Prenons un exemple plus ordinaire : celui de la canette de 33 cl en aluminium ou en acier. Les premières boîtes américaines (en aluminium), dans les années 1960, pesaient 85 g. Aujourd'hui, grâce aux progrès de la métallurgie et des techniques d'emboutissage, leur poids est à peine supérieur à 10 g.

Mais il y a encore de grandes réserves de progrès dans le domaine de l'efficacité des ressources. Les chercheurs de l'Institut de Wuppertal, créé par Ernst von Weizsäcker, ont commencé

1. La loi de Moore est une manière de représenter les extraordinaires gains de puissance de l'informatique. De 1965 à 2017, le nombre de transistors sur une puce a doublé tous les dix-huit mois, à coût constant.

à étudier systématiquement les possibilités de dématérialisation il y a une bonne trentaine d'années, autour d'un indicateur synthétique très intéressant : le MIPS (*material input per service unit*)[1]. Ils ont d'abord proposé un objectif de division par quatre, avant qu'un rapport du Club de Rome largement inspiré de leurs travaux parle de « facteur 5 », c'est-à-dire de la possibilité de réduire de 80 % la consommation matérielle unitaire de nos processus industriels[2].

La voie de l'efficacité

Dans de nombreuses industries, quatre pistes principales sont explorées :

1. Une meilleure conception des produits. Comme pour l'énergie, les matières les plus écologiques sont celles que l'on n'utilise pas ! Les marges de progrès les plus considérables sont sans doute dans la construction, qui devrait pouvoir réduire fortement sa consommation de ciment et d'acier, en modifiant la conception des bâtiments et des ouvrages.

2. L'amélioration des procédés par la limitation des « chutes » et de pertes de matière. On estime que 25 % de l'acier et près de 50 % de l'aluminium produits dans le monde ne se retrouvent pas dans le produit final.

3. Le recyclage et la réutilisation. Même pour le papier et les boîtes en aluminium, les deux produits les mieux recyclés, il y a encore beaucoup de progrès à faire. La possibilité de recyclage est fortement liée à la conception des produits. Ainsi, les

1. On notera que la référence est l'unité de service rendu, pas les caractéristiques physiques de l'objet.

2. Ernst von Weizsäcker, Karlson Hargroes *et al.*, *Facteur 5. Comment transformer l'économie en rendant les ressources cinq fois plus productives,* Louvain-la-Neuve, De Boeck, 2013 (2009).

produits électroniques sont riches en métaux rares, étroitement mélangés ; et la récupération de ces métaux dans les déchets est extrêmement difficile.

4. La recherche de matériaux de substitution, plus abondants, moins massifs et moins polluants. Dans les transports, la substitution progressive de l'acier par l'aluminium ou les composites a permis d'alléger considérablement les véhicules, avec un impact significatif sur les consommations et donc les émissions de CO_2. Le problème est que la substitution résout rarement tous les problèmes à la fois. Par exemple, remplacer le cuivre par l'aluminium, beaucoup moins rare, dans les réseaux électriques serait envisageable, mais la production d'aluminium est quatre fois plus énergivore que celle du cuivre. Le titane, abondant dans la croûte terrestre, résistant à la corrosion, serait un excellent remplaçant pour l'acier dans les voitures ; mais son point de fusion étant très élevé, sa production est gourmande en énergie et son utilisation ne se justifierait que si le cycle de vie de la voiture devenait extrêmement long.

La circularité de l'économie, notamment pour ce qui est des métaux, reste un objectif très difficile à atteindre, pour des raisons techniques intrinsèques et pas seulement en raison de choix économiques ou sociaux.

CHAPITRE 2

Sobriété(s)

Les gains d'efficacité sont importants, les marges de progrès sont substantielles, mais la dure réalité est que ces progrès sont systématiquement débordés par l'augmentation de la demande. De la dématérialisation relative (par unité fonctionnelle) à la dématérialisation absolue, il y a un gouffre. Pour les métaux, aucun scénario de projection ne prévoit de réduction *absolue* des flux.

S'agissant des métaux courants (fer, nickel, zinc, cuivre, plomb), la croissance de la demande se situe entre 2 % et 6 % par an. Pour les dix-sept métaux rares, stratégiques pour les énergies renouvelables, elle est de 10 % à 12 % par an, ce qui est énorme. On peut se consoler en se disant que ce serait bien pire sans augmentation d'efficacité, mais cela ne résout pas le problème. Pour l'énergie et les émissions de GES, on commence à observer un certain découplage avec la croissance du PIB[1]. Mais ce découplage ne s'observe pas pour les ressources minérales.

1. Voir Marion Cohen et Alain Grandjean, « Les liens entre PIB et énergie dans une trajectoire +2 °C », 17 avril 2017, sur le blog https://alaingrandjean.fr. Les experts parlent de l'équation de Kaya. Les émissions de CO_2 dépendent du rapport entre CO_2 et énergie (à peu près constant) multiplié par le rapport énergie sur PIB (en baisse, avec un gain d'efficacité énergétique) multiplié par le PIB (en forte hausse).

Comme les sujets de la Reine rouge dans *Alice au pays des merveilles*, nous devons courir de plus en plus vite pour rester sur place. Tout irait bien s'il n'y avait pas trois diables dans la boîte. Le premier est bien sûr la démographie, et les rattrapages tout à fait légitimes de consommation dans les pays émergents. Nous n'y pouvons pas grand-chose, et je n'en parlerai pas ici. Le deuxième diable, assez bien documenté, s'appelle l'« effet rebond » ou l'« effet Jevons ». Le troisième est moins souvent évoqué, mais non moins essentiel. Je propose de l'appeler l'« effet de profondeur technologique ».

L'effet Jevons

L'effet Jevons, peu connu du grand public, est un sujet crucial. De quoi s'agit-il ? Le constat est simple : quand on améliore l'efficacité-ressources d'un produit (bien ou service), le prix baisse et rend le bien plus désirable. Résultat : l'augmentation de la consommation annule et dépasse, souvent de très loin, le gain unitaire réalisé. Comme dit Vaclav Smil, « le moins devient le moteur du plus[1] ».

En 1865, les producteurs de charbon britanniques s'inquiétaient de l'efficacité croissante des machines à vapeur, qui utilisaient de moins en moins leur précieux combustible. William Stanley Jevons, économiste empiriste, l'un des fondateurs de l'école marginaliste avec Léon Walras, leur répondait : « C'est une erreur complète de supposer que l'usage plus économique de l'énergie va faire baisser la consommation. C'est exactement le contraire qui va se passer. » Un siècle et demi plus tard, il est difficile de lui donner tort.

Cet effet, qu'on appelle aussi l'« effet rebond », se niche partout. Les thermiciens du bâtiment savent que, quand on améliore

1. Vaclav Smil, *Making the Modern World. Materials and Dematerialization*, *op. cit.*

l'isolation, les occupants en profitent pour monter le thermostat. Les spécialistes des transports savent que, lorsqu'on facilite un trajet, cela fait croître la demande. En milieu dense, chaque infrastructure nouvelle a vocation à être rapidement saturée.

Mais c'est surtout dans la production manufacturière que l'effet est puissant. Revenons aux canettes dont nous avons parlé un peu plus haut. Malgré les gains unitaires formidables qui ont limité les dégâts, la consommation d'aluminium a augmenté de plus de 50 % depuis 1980, car le nombre de canettes a explosé. L'exemple le plus spectaculaire d'effet rebond est sans doute celui de l'éclairage, déjà cité. Souvenons-nous que l'éclairage électrique n'a pénétré nos campagnes qu'après 1920, alors qu'aujourd'hui la lumière vue des satellites sert à estimer les PIB des nations.

Plutôt que d'effet rebond au singulier, il faudrait en parler au pluriel. Car il y a les effets rebonds *directs*, ceux qui se traduisent par l'augmentation de la consommation d'un bien donné lorsqu'il est produit plus efficacement, et les effets rebonds *indirects*, qui s'expriment par le report de la consommation vers d'autres biens, grâce aux marges de manœuvre dégagées dans les budgets des ménages ou des entreprises. Par exemple, si mon budget énergie baisse grâce à un logement mieux isolé, je vais en profiter pour voyager plus, acheter une voiture plus grosse, etc.

On peut parler aussi d'effet rebond « systémique » (ou macroéconomique) pour désigner les multiples changements que les gains d'efficacité, les mouvements de prix relatifs et de disponibilité des biens qui en résultent produisent dans la structure des économies, des marchés, des comportements et des modes de vie. En réalité, il y a mille chemins, impossibles à décrire de manière complète, par lesquels nos sociétés métabolisent les progrès élémentaires d'efficacité. Comment battre Jevons et rester dans des trajectoires énergétiques et matérielles acceptables ? On voit que la seule issue est de combiner la voie de l'efficacité avec celle de la sobriété, c'est-à-dire de la réduction ou plutôt de la transformation de la consommation.

La profondeur technologique

L'effet Jevons n'est pas le seul problème. Interrogeons-nous sur la nature et la signification de l'énorme croissance de notre consommation d'énergie. Globalement, depuis 150 ans, cette croissance est étroitement corrélée à celle du PIB. Ce n'est pas une surprise, car les deux grandeurs sont consubstantielles, l'activité et l'énergie étant d'une certaine manière deux faces d'une seule réalité.

En 2014, la mobilisation d'énergie par humain est de l'ordre de 1 kWh par dollar de revenu (PIB par habitant). Dans les pays riches, à population souvent vieillissante, on observe depuis 2000 un début de découplage entre croissance du PIB par habitant et consommation d'énergie par tête. C'est le cas notamment en Suisse et en Suède. Mais ce sont là des variations de second ordre. Le fait majeur est que la masse d'énergie mobilisée par personne est gigantesque. Dans le monde, elle a été multipliée par 7 depuis les années 1950.

Des images très pédagogiques utilisées par Jean-Marc Jancovici éclairent le mystère – car c'en est un – d'une croissance aussi débridée[1]. L'énergie déployée par un homme fournissant un travail musculaire intense, nous dit-il, est de l'ordre d'un tiers de kWh par jour, une centaine de kWh par an. Or un humain mobilise aujourd'hui en moyenne (avec une énorme dispersion par pays et par niveau social) 20 000 kWh ! En France, on est plus proche du triple de ce chiffre.

Dans une comparaison provocatrice, Jancovici affirme que notre situation est équivalente à celle d'une personne qui aurait en permanence six cents esclaves à sa disposition. À quoi nous servent ces « esclaves », et où sont-ils cachés ? En réalité, nous ne consommons pas directement l'énergie. Notre « consommation »

1. Voir par exemple https://jancovici.com/transition-energetique/vous-etes-plutot-primaire-ou-plutot-final/

est celle des innombrables machines qui travaillent pour nous, sans que nous en ayons conscience.

> Consommer de l'énergie, c'est donner de l'énergie à manger à une machine que nous commandons. [...] Un décompte des machines qui sont devenues nos esclaves des temps modernes montrerait que nous en utilisons, directement ou indirectement, des milliers (dizaines de milliers ?) chaque jour, et sans en avoir conscience l'immense partie du temps[1].

Comparons notre environnement matériel à celui de nos parents ou grands-parents. Nous prenons facilement conscience de la multiplication d'objets nouveaux, qui deviennent étonnamment vite familiers. Qui se souvient que les premiers écrans tactiles sont apparus en 2007 ?

Mais nous devons faire un effort d'imagination pour visualiser l'énorme augmentation de complexité de toutes ces choses qui nous entourent, le nombre d'étapes productives et de composants qu'elles incorporent. Cette « profondeur technologique » invisible est l'une des sources principales de la croissance de l'impact énergétique et matériel.

Des machines par milliers

Il y a cinquante ou même trente ans, les objets étaient moins nombreux, mais surtout ils étaient plus rustiques, souvent reproductibles localement, réparables, fabriqués avec des matériaux courants. Aujourd'hui, les produits ou les services

1. Marion Cohen et Alain Grandjean, « Les liens entre PIB et énergie dans une trajectoire +2 °C », *op. cit.*

les plus basiques renvoient à des arrière-plans labyrinthiques, vertigineux.

Jancovici prend des exemples simples. Vous vous brossez les dents : derrière le tube du dentifrice, il y a des plateformes en mer pour extraire le pétrole, des vapocraqueurs pour fabriquer avec ledit pétrole le plastique du tube, des amidonneries pour faire la pâte avec du maïs, les machines pour faire pousser le maïs, les usines pour fabriquer les engrais, les usines pour faire les glaces de votre salle de bains, sans oublier celles qui rendent l'eau potable, et des machines pour fabriquer toutes ces machines. Lentement mais sûrement, le nombre et la complexité des composants qui constituent nos objets ont explosé.

Une voiture d'aujourd'hui rend fondamentalement les mêmes services qu'une voiture des années 1980. Or ce n'est plus du tout le même objet. On estime à 30 000 le nombre de pièces dans une voiture actuelle, sans compter les logiciels. L'énergie grise, celle qui est incorporée dans l'objet, devient progressivement très supérieure à l'énergie d'usage. Le sommet est atteint avec les objets du monde numérique. On estime à 90 % la part de l'énergie consommée par et pour un smartphone *avant toute utilisation*. Lorsque vous regardez une vidéo sur Netflix, le rapport entre l'énergie consommée pour ce visionnage et l'énergie réellement consommée est de 1 à 2 000.

Prenez le cylindre très design d'Amazon Echo qui, sous le nom d'Alexa, répond en un temps record à vos requêtes les plus urgentes et indispensables (« Quel temps fait-il aujourd'hui ? », « Quel âge avait Jules César le jour de son assassinat ? »). La moindre de ces requêtes (« Alexa, allume la lumière ») met en route une infrastructure matérielle et logicielle planétaire (des fermes de serveurs, des satellites, des fibres optiques). La mise au point des algorithmes d'intelligence artificielle qui sont au cœur du système, pour reconnaître les voix et naviguer dans les gigantesques bases de données, est elle-même très énergivore[1].

La question qui vient naturellement à l'esprit est la suivante : ces avancées technologiques – la complexité et les coûts qu'elles entraînent – sont-elles vraiment proportionnées à l'augmentation des services rendus, à l'amélioration effective de notre qualité de vie ? Bien sûr, on ne sait pas mesurer cette dernière. Mais chacun ressent intuitivement qu'elle n'a pas augmenté au rythme de l'énorme croissance de nos dépenses énergétiques et matérielles.

Avec nos 600 esclaves, vivons-nous 6 fois mieux qu'à l'époque où nous n'en avions que 100 ? Dès la fin des années 1950, Bertrand de Jouvenel, un des pionniers oubliés de la pensée écologique, en faisait la remarque : « N'importe quelle mesure du progrès dans le niveau de vie de l'individu donne un coefficient de progrès incomparablement plus faible que le progrès dans la quantité d'énergie dépensée par habitant[2]. » Il avait perçu l'essentiel, parce qu'il avait l'œil fixé sur la demande et la qualité de la vie, et pas seulement, comme la majorité des économistes d'hier et d'aujourd'hui, sur la productivité de l'offre.

Ce processus de la « profondeur technologique » est assez différent de celui des effets rebonds. Alors que ceux-ci sont tirés par la demande, la croissance apparemment incontrôlable de la complexité technique trouve sa source du côté de l'offre : dans la pulsion technologique des ingénieurs, la compétition entre industriels pour rendre leurs produits plus attractifs et, aujourd'hui, à l'âge numérique, dans la perspective d'ouvrir toujours plus de marchés pour les grandes plateformes.

1. Voir Karen Hao, « Training a single AI model can emit as much carbon as five cars in their lifetimes. Deep learning has a terrible carbon footprint », *MIT Technology Review*, 6 juin 2019.

2. Bertrand de Jouvenel, *Arcadie. Essais sur le mieux-vivre*, Paris, Gallimard, 2002.

Ce mouvement irrépressible vers la profondeur technologique est aussi lié à la globalisation et au « *made in* monde ». Le recours à des circuits de production de plus en plus fragmentés, l'accès à des composants de plus en plus divers et la complexité des produits finaux sont trois processus qui se nourrissent mutuellement[1].

Le numérique, cas exemplaire

L'univers numérique illustre parfaitement les liens entre efficacité, effet rebond et profondeur technologique. Il pousse chacun des trois aspects à un degré particulièrement aigu[2]. Les gains unitaires d'efficacité (énergétiques surtout) y sont particulièrement puissants. Des premiers ordinateurs aux puces actuelles, la capacité de calcul par kWh a connu une croissance astronomique, doublant tous les 1,57 an, soit une multiplication de l'ordre de 10 milliards depuis les années 1960. Ce phénomène est bien connu.

On sait moins que, malgré cette croissance inégalée d'efficacité, la consommation totale d'énergie – calculée sur le périmètre comprenant les terminaux et capteurs, les réseaux et les centres de calcul et de stockage – a crû fortement, y compris au cours des années récentes. De 2013 à aujourd'hui, elle a doublé. On s'attend à un triplement d'ici à 2025 (selon les chiffres

1. Une part aujourd'hui très importante de l'empreinte matérielle et énergétique provient de la construction (acier et surtout ciment), du chauffage et de la climatisation, qui relèvent moins directement de cette logique de « profondeur technologique », mais qui incorporent en amont de plus en plus d'objets et de processus ultra-complexes.

2. Je m'appuie ici sur les études menées dans le cadre de Shift Project sur la soutenabilité numérique. Voir le rapport du *think tank* Shift Project « Pour une sobriété numérique », sous la direction de Hugues Ferreboeuf (téléchargeable sur www.theshiftproject.org).

d'avant la crise). L'internet des objets et la fameuse 5G qui le rendra possible devraient renforcer cette tendance de croissance, d'autant plus que nous approchons des limites des technologies et de l'épuisement de la loi de Moore.

Comme je l'ai déjà noté, l'énergie grise intégrée dans les dispositifs et les infrastructures est particulièrement forte. Mais les consommations d'utilisation sont également en forte croissance. Les plateformes nous informent régulièrement des progrès d'efficacité réalisés dans leurs fermes de serveurs, qui sont réels. Mais l'effet rebond est puissant, et il est tiré principalement par l'explosion de la vidéo en ligne.

L'effet rebond du numérique est différent de celui qu'on trouve dans d'autres secteurs plus traditionnels, en ce sens qu'il est multiplié, littéralement *dopé par les effets de réseau* caractéristiques de la branche et des grandes plateformes qui la dominent. Plus les clients d'une plateforme sont nombreux, plus la valeur de celle-ci augmente pour ses clients, pour les industriels et, bien sûr, pour les propriétaires. Les modèles économiques reposent donc largement sur les augmentations de volume du trafic, qui permettent aussi aux plateformes de capter le plus possible de données des usagers et d'accroître leur valeur capitalistique.

Or l'aspect pervers est que ces augmentations de volume apparaissent comme transparentes pour les usagers. Les plateformes, de leur côté, ne compensent que rarement les externalités négatives engendrées. Amazon paie les coûts énergétiques directs de ses *data centers*, mais toutes les nuisances, locales ou globales, du réchauffement climatique au trafic des camions, sont laissées à la collectivité. Les usagers, de leur côté, ont un agréable sentiment de gratuité. Rien ne s'oppose donc à un effet rebond puissant, entretenu par des techniques addictives de capture des clients.

Enfin, l'augmentation incessante de la profondeur technologique – la multiplication permanente des fonctionnalités, de plus en plus baroques parfois – est au cœur de l'univers numérique. Les assistants vocaux de type Echo, par exemple, évoqués plus haut, sont un cheval de Troie pour ouvrir l'immense marché potentiel des applications permises par l'internet des objets, c'est-à-dire la possibilité donnée à tous nos objets (électrifiés) de produire et d'échanger des données. Parler de sobriété des fonctions, de simplification, semble alors parfaitement antinomique des valeurs fondatrices d'un univers qui explore avec fascination la diversité apparemment sans fond des applications bâties sur l'extraction et la recombinaison des données.

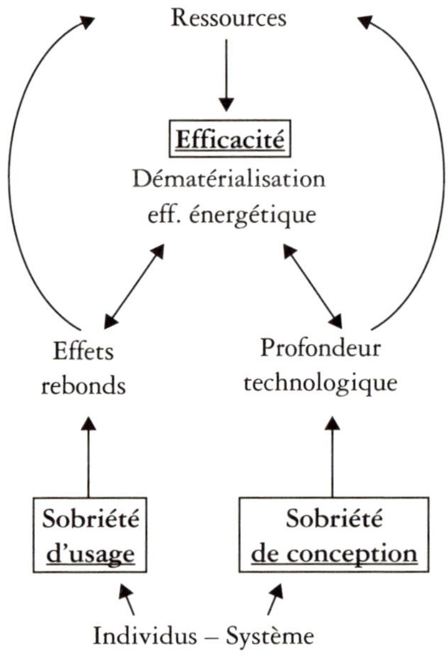

Économie des usages, économie de l'accès

Le basculement engagé d'une économie des objets (possédés) à une économie des usages (accessibles) ouvre une piste prometteuse, souvent qualifiée d'*économie de la fonctionnalité*[1]. Si la préférence pour l'accès plutôt que pour la propriété se confirme, si les entreprises adoptent des modèles économiques consistant à facturer les services que rendent les objets, on comprend aisément que le mouvement est vertueux sous l'angle de la durabilité et de la consommation de ressources. Si Michelin ne vend plus des pneus mais des kilomètres parcourus, l'entreprise a intérêt à ce que ses pneus durent le plus longtemps possible.

Du côté industriel, le schéma est très ancien. L'exemple pionnier est celui de Rank Xerox, qui a construit son modèle économique sur la location de ses photocopieurs et la rémunération à l'usage. Les motoristes aéronautiques ne vendent pas leurs moteurs aux compagnies, mais assurent des heures de vol, maintenance comprise. Les fabricants de pneus pour avions facturent les atterrissages (réussis, de préférence). Les fabricants de lampes vendent de la lumière, avec des contrats de performance. Depuis 2015, Philips vend une solution d'éclairage global pour l'aéroport d'Amsterdam, financée par les économies d'énergies[2].

La nouveauté est dans la migration de ces modèles vers les marchés du grand public. On nous vend désormais du confort

1. Une littérature abondante existe sur le sujet. Voir par exemple ADEME, ATEMIS, Patrice Vuidel et Brigitte Pasquelin « Vers une économie de fonctionnalité à haute valeur environnementale et sociale, à l'horizon 2050 », rapport ADEME, juin 2017.

2. Voir https://www.philips.com/a-w/about/news/archive/standard/news/press/2015/20150416-Philips-provides-Light-as-a-Service-to-Schiphol-Airport.html

thermique plutôt que du gaz, de la mobilité plutôt que des voitures. Certains prédisent qu'il sera bientôt aussi démodé de posséder sa voiture que de disposer de son cheval. On n'en est pas là, mais la multiplication des formules de location ou de leasing, pour des temps courts ou longs, ou des formules d'usage collectif minimisant l'immobilisation du véhicule, est frappante. La formule la plus avancée est de pouvoir disposer sur un simple clic d'une voiture, avec un modèle renouvelable à volonté, pour une durée flexible, et une facturation forfaitaire intégrant tous les coûts (y compris administratifs), comme dans le programme Volvo Care[1].

Le numérique joue un rôle essentiel, en favorisant la flexibilité de l'appariement entre offre et demande, en permettant la télémesure et la télégestion de la performance. Grâce à l'internet des objets, les producteurs pourraient disposer d'un retour direct sur les usages effectifs de leurs produits, en temps réel, comme c'est le cas pour les biens d'équipements industriels surveillés par leurs fournisseurs. Ces retours devraient permettre, en théorie, d'améliorer en continu les produits, en raccourcissant considérablement les boucles de retour d'expérience à partir des usages. Il y a là sans aucun doute des pistes très intéressantes pour une économie plus sobre en énergie et en matériaux. Tout ce qui contribue à un usage plus intensif des biens, à une augmentation de leur temps d'usage quotidien et à une réduction de leur temps d'obsolescence (« programmée » ou non) est à encourager.

Mais il ne faut pas s'emballer. L'expérience montre que l'imagination des entreprises est sans limites lorsqu'il s'agit d'inventer des formes d'obsolescence non matérielle. L'exemple de l'informatique et des logiciels à renouveler en permanence en est l'illustration parfaite, que nous subissons tous sans pouvoir y échapper. Le monde numérique, de manière générale, privilégie

1. Des formules de ce type sont actuellement disponibles principalement sur le haut de gamme.

l'accès et même souvent la gratuité pour l'utilisateur. Pour autant, comme on vient de le voir, cette gratuité apparente se traduit *in fine* par un développement incontrôlé de l'usage. Jevons n'est pas mort !

L'économie de l'accès et du service n'échappe pas plus que l'économie de la propriété et des objets à l'effet rebond. Bien au contraire. Le programme Volvo Care évoqué plus haut est le rêve des gens pressés : un clic et une facturation globale. Imaginons qu'il s'étende d'un marché de niche premium à un marché de masse, avec une baisse sensible des prix. Qu'est-ce qui empêcherait les consommateurs de faire exploser la demande, comme c'est le cas aujourd'hui pour les services d'e-commerce ou de vidéo en ligne ?

Prenons le cas de plateformes comme Uber, qui ne visent pas à remplacer les taxis, mais à offrir une alternative globale à la propriété des voitures. Pour l'usager qui accède au service d'un simple clic, plus besoin de transport collectif : « Je vis à Los Angeles comme si j'étais à New York ; Uber et Lyft sont mes stations de métro[1]. » L'économie de la fonctionnalité est une piste intéressante. Laissée au libre jeu du marché, elle n'est en rien une solution miracle. En revanche, elle peut avoir un effet transformateur si elle est couplée avec des politiques régulatrices ambitieuses et déterminées.

Désirs de sobriété

Pour maîtriser l'effet Jevons, il n'y a pas d'autre solution que la « sobriété d'usage » – en clair, la réduction ou plutôt la transformation de la consommation. Pour maîtriser la profondeur technologique, pas d'autre solution que ce que j'ai proposé

1. Un usager cité par Tim O'Reilly, *What's the Future and Why It's up to Us*, New York, Harper Business, 2017.

d'appeler la « sobriété de conception ». Cette conclusion est partagée par la majorité des experts. Dès lors, deux questions se posent. Quelle est la marge ? Comment y arriver ?

À la première question, la réponse est résolument positive. On n'oubliera pas que les inégalités sociales sont, en ce domaine comme dans d'autres, énormes. La part des plus riches dans l'empreinte matérielle est considérable. Ensuite, en admettant que les moyennes aient un sens, vivre avec 300 ou même 200 « esclaves jancoviciens » au lieu de 600 ne devrait pas nous faire régresser à l'âge de pierre. L'énormité même de notre dépense énergétique et de sa croissance récente rend optimiste, car elle montre qu'on devrait pouvoir la réduire sans nous condamner à une frugalité ascétique dont certains rêvent, mais qui a peu de chances de déclencher un enthousiasme de masse.

La *sobriété numérique* prônée par l'étude de Shift Project ne serait pas l'austérité. Elle est compatible avec une croissance du trafic à deux chiffres. L'association négaWatt[1] a publié en 2017 un scénario très intéressant sur la sobriété énergétique, qui a rencontré un large écho. Il montre que, sur la période 2017-2050, il devrait être possible de réduire de 28 % nos consommations énergétiques, grâce à une série de mesures qui relèvent en grande partie de nos comportements individuels de consommation et d'investissement

1. NégaWatt est une association française animée par une vingtaine d'experts des questions énergétiques. Le scénario 2017-2050 est disponible en ligne : www.negawatt.org/scenario-negaWatt-2017. Ces propositions ont fortement inspiré les travaux de la Convention citoyenne sur le climat. L'ADEME a également renforcé, dans ses publications récentes, l'importance attachée à la sobriété et aux modes de vie, alors que ses actions étaient traditionnellement centrées sur l'efficacité énergétique (voir https://www.ademe.fr/visions-energie-climat-20302050-modes-vie-demain). On notera que, pour l'ADEME comme pour négaWatt, ces scénarios de sobriété ne sont pas « décroissants », mais compatibles avec une croissance maintenue et un développement de l'emploi.

(alimentation plus végétale, restrictions dans l'équipement ménager, moins de voyages en avion, isolation des logements).

Un bel exemple est celui de l'habillement. On a pris conscience récemment que l'industrie de la mode était l'une des plus polluantes de la planète (matières premières, teintures, etc.) et que le modèle désormais dominant de la *fast fashion*, c'est-à-dire du renouvellement incessant des collections, était à l'origine d'un gigantesque gaspillage de ressources. Sur les 100 milliards de pièces d'habillement produites chaque année dans le monde, 20 % ne sont pas vendues, et des quantités astronomiques de vêtements ne sont que rarement portés. Aérer un peu nos placards ne devrait pas nous conduire à une vie trop monacale.

On constate aujourd'hui, dans les sociétés développées, la montée d'une sensibilité nouvelle à propos de la sobriété nécessaire. Frugalité volontaire, redéfinition du « nécessaire » et du « suffisant » ne sont plus des thématiques marginales. Mais cette réflexion n'est pas également partagée dans toutes les catégories sociales et elle coexiste avec des comportements paradoxaux, notamment chez les *millenials* urbains, dont l'idéologie n'est pas toujours en accord avec les attitudes réelles[1].

Le développement, dans une frange de la population, d'une critique antitechniciste et de modèles alternatifs plus ou moins radicaux montre des directions possibles pour le futur. Comme le soulignent Dominique Bourg et Christian Arnsperger[2], ce radicalisme peut décourager les modérés, en faisant peur à la majorité de la population sans laquelle le changement se limitera à des expériences marginales. André Gorz, très influencé par Ivan

1. Voir par exemple l'étude réalisée par La Fabrique de la Cité, *think tank* du groupe Vinci, « Les Millenials : une légende urbaine ? », janvier 2017 (www.lafabriquedelacite.com/wp-content/uploads/2018/08/fastcheck_millenials-1.pdf).

2. Christian Arnsperger et Dominique Bourg, *Écologie intégrale. Pour une société permacirculaire*, *op. cit.*

Illich, a défendu des thèses antitechnicistes assez radicales, mais il reconnaissait que « nous avons besoin de médiations, d'objectifs intermédiaires qui illustrent que l'on peut, et comment l'on peut, vivre mieux avec moins de travail salarié, de consommation et de crédit, sans pour autant devoir aussitôt abandonner le téléviseur, la radio, les petits et gros ordinateurs, les voyages, etc.[1] ».

Le « techno-discernement »

Le chemin vers la sobriété de masse reste à inventer. La voie coercitive ou celle des rationnements sont socialement inacceptables. À l'inverse, le renvoi du défi sur les comportements individuels et leur degré de vertu n'est pas suffisant. Nous sommes en présence d'un problème qui touche nos valeurs, mais qui est aussi un problème « technique » d'organisation de nos sociétés.

Ce problème est hautement systémique, car les actions des personnes et des groupes sont en interaction étroite avec les cadres proposés par les acteurs publics, les entreprises, les collectivités locales, nationales et supranationales, les normes et les règlements, les dispositifs matériels eux-mêmes. Une étude européenne a estimé l'impact cumulé de 90 comportements individuels considérés comme écoresponsables[2]. Le résultat est qu'on arrive, en moyenne européenne, à une réduction d'un quart de l'empreinte carbone, le quart de cet effet étant lui-même expliqué par une réduction des importations carbonées. Les chiffres sont bien sûr discutables, mais cela fixe un ordre de grandeur.

1. Voir André Gorz, *Éloge du suffisant*, Paris, PUF, 2019, p. 83. Gorz développe une vision très idéalisée (et assez naïve) de l'informatique *open source*, du hacker comme héros écologique moderne.

2. Daniel Moran, Richard Wood *et al.*, « Quantifying the potential for consumer-oriented policy to reduce european and foreign carbon emissions », *Climate Policy*, décembre 2018, p. 28-38.

La question, enfin, est sans doute plus compliquée pour la « sobriété de conception » que pour la « sobriété d'usage ». Or il est crucial d'aller vers des produits plus simples, mieux proportionnés à leurs fonctions. Il ne s'agit pas de prôner le *low tech* au sens d'un retour à des technologies du passé, mais d'instaurer une forme de « techno-discernement » (pour reprendre la belle expression de Philippe Bihouix[1]) qui nous permette d'échapper au choix entre radicalisme technophobe et acceptation béate de l'innovation à tous crins.

Cela passe d'abord par une prise de conscience du problème et par l'instauration d'un débat aujourd'hui inexistant (ou qui prend la forme d'anathèmes réciproques), comme on vient de le voir pour la 5G. Où et quand nos sociétés débattent-elles du grand projet de la voiture autonome, sujet central pour l'internet des objets, mais qui reste à 100 % enclos dans le royaume des experts ?

1. Voir Philippe Bihouix, *L'Âge des low tech : vers une civilisation techniquement soutenable*, Paris, Seuil, 2014, et *Le bonheur était pour demain. Les rêveries d'un ingénieur solitaire,* Paris, Seuil, 2019.

CHAPITRE 3

Une économie humano-centrée

Je suis certain qu'avec un peu plus d'expérience, nous ferons usage des libéralités de la nature d'une manière bien différente de celle des riches d'aujourd'hui, et nous tracerons pour nous-mêmes un plan de vie bien différent du leur.

John Maynard Keynes[1]

Nous voyons nos économies comme de grands paquebots dont il faudrait changer la motorisation, l'aménagement des ponts, le menu du restaurant. Mais il faudrait aussi interroger leurs parcours et leurs destinations. Le récit dominant de l'écologie s'intéresse plus à la question du « comment produire ? » qu'à celle du « quoi produire ? » (avec des exceptions bien sûr). L'adieu au monde thermo-fossile va entraîner des

1. Dans sa conférence de 1928 (« Perspectives économiques pour nos petits-enfants »), reproduite dans le recueil *La Pauvreté dans l'abondance*, Paris, Gallimard, 2002.

réductions fortes d'activités dans certains domaines, au prix de turbulences que nous aurons du mal à éviter.

Quelles activités nouvelles « éco-positives » pourrons-nous déployer en compensation ? Surtout, dans quelle vision sociétale inscrire ces activités nouvelles ? Chacun reconnaît qu'il faut verdir l'industrie automobile et aéronautique. Certes. Mais ce dont nous avons vraiment besoin, c'est une nouvelle industrie de la mobilité. Mieux : une nouvelle *économie-écologie de la vie mobile*[1].

Les experts réfléchissent aux moyens de décarboner les activités existantes. D'autres cogitent sur les technologies clés du futur, qui nous permettront de ne pas décrocher dans la compétition mondiale[2]. Mais ni la décarbonation ni le développement des ordinateurs quantiques ne constituent un projet de société. La question en suspens est celle de la vision d'ensemble.

Cette vision doit être réaliste : le compte à rebours climatique l'impose. Mais elle doit aussi être mobilisatrice et positive. Les tendances profondes de la consommation et des modes de vie dans nos sociétés avancées suggèrent une voie : une économie centrée sur les individus, le développement de leurs capacités, des liens qui les unissent et des milieux de vie permettant leur épanouissement ; une économie « humano-centrée », donc, qui pourrait être déployée de manière plus consciente et plus structurée.

1. Pierre Calame utilise de manière très intéressante le terme syncrétique d'« œconomie », réunissant *oikos* (le foyer, la maison commune) et *nomos* (la loi). Voir Pierre Calame, *Essai sur l'œconomie*, Paris, Charles Léopold Mayer, 2009.

2. Dernier en date : « Faire de la France une économie de rupture technologique », *Rapport aux ministre de l'Économie et des Finances et ministre de l'Enseignement supérieur, de la Recherche et de l'Innovation*, février 2020, rapport d'un groupe d'experts présidé par Benoît Potier.

L'économie de l'individu

Nous vivons encore dans le sillage du grand bouleversement engagé après 1945, largement importé des États-Unis. L'augmentation continue de la consommation marchande (dont le volume par personne a triplé de 1960 à 2005) et celle du « temps libre » ont façonné une société profondément différente de celle qui avait existé jusqu'à la Libération. Les Trente Glorieuses nous ont engagés dans une économie qu'on peut qualifier d'économie « garage-salon-cuisine »[1]. L'industrie a rempli nos maisons d'objets de plus en plus fascinants, produits à des coûts incroyablement bas, qui ont changé la vie quotidienne. L'explosion du travail salarié féminin a bouleversé la société. Au fil des décennies, la structure de la consommation s'est beaucoup transformée. Une grande part des dépenses reste contrainte, à commencer par celle du logement, dont la part dans le budget des ménages a *grosso modo* triplé depuis la fin des années 1950, avec de fortes variations selon les territoires.

Un autre poste très contraint est celui des transports, dont le poids a presque doublé, en raison du développement de l'automobile et de l'allongement des distances parcourues. Mais l'alimentation, qui représentait encore près de 40 % du budget des ménages à la fin des années 1950 (sans compter la part importante d'autoproduction), se situe aujourd'hui autour de 15 %, à peine le double de la dépense en énergie[2]. Les dépenses d'équipements

1. La croissance s'est appuyée sur deux piliers : la transformation des modes de vie, d'un côté, la reconstruction, les grandes infrastructures, les grands projets d'État, la défense et les télécommunications, de l'autre.

2. On parle ici d'alimentation à domicile, la part des repas pris à l'extérieur étant en forte croissance. Il s'agit de moyennes : le poids des dépenses alimentaires reste très variable selon les niveaux de revenus. Il constitue d'ailleurs un bon indicateur de pauvreté.

– automobile, électroménager, mobilier, équipement électronique et informatique – ont aussi connu une baisse relative continue.

En contrepartie, qu'observe-t-on ? La montée spectaculaire des dépenses liées à la santé, au bien-être, à l'alimentation « qualitative », au divertissement, à la sécurité, à la mobilité et à l'éducation. Ces dépenses ont un point commun. Elles concernent *l'individu, son corps, ses émotions, son intelligence.* L'économie ancienne n'est pas morte, loin de là, mais elle est progressivement débordée (et englobée) par cette économie que je qualifie d'humano-centrée, qui touche de plus en plus directement à notre intimité.

Cette évolution est en partie masquée, parce qu'elle s'appuie sur des secteurs fortement socialisés où la dépense des ménages est indirecte. Pour la santé, championne incontestée de la croissance, la dépense directe tourne désormais, en France, autour de 3 % du budget des ménages ; mais elle est supérieure à 15 % si l'on inclut la part financée par la solidarité nationale. Pour l'éducation, le décalage est encore plus fort, la part payée par les ménages étant quasiment négligeable (0,3 % en moyenne des budgets).

Qu'en sera-t-il demain ? Rien n'est écrit, mais il est clair que les secteurs humano-centrés recèlent des potentialités de développement bien supérieures à celles de l'accumulation des objets. Comme c'est presque toujours le cas pour les évolutions vraiment profondes, le tournant n'est pas facile à capter avec nos catégories statistiques usuelles. Car il est étroitement mêlé au changement déjà évoqué, celui du passage de l'économie des objets, faciles à compter et à mesurer, à l'économie des usages et des expériences, beaucoup plus difficiles à saisir.

Prenons le cas de l'alimentation. On voit bien que, pour une large part, elle n'est plus seulement fonctionnelle, destinée à fournir des calories ou des protéines, mais devient progressivement une composante de la vaste nébuleuse du bien-être et de la santé. La qualité prend le pas sur la quantité.

Un changement global

L'économie humano-centrée n'est pas un ensemble sectoriel nouveau qui viendrait s'ajouter à d'autres secteurs. On voit bien que des paramètres essentiels sont bousculés dès lors que la création de valeur concerne l'intimité de l'individu plutôt que son stock de possessions. L'objectivation de la valeur devient problématique dans un univers où le consentement à payer peut s'éloigner considérablement d'une rationalité économique traditionnelle du type coût-bénéfices.

Nous l'avons expérimenté collectivement à grande échelle lors de la crise sanitaire : dans le domaine de la santé, comment établir un plan d'équivalence (et donc d'arbitrage) avec d'autres choix de dépenses ? Or ce qui est vrai sur le plan collectif l'est aussi sur le plan individuel. Dans l'économie « garage-salon-cuisine », un des grands moteurs de croissance était la comparaison ou, pour le dire crûment, la jalousie entre voisins. Les gourous du marketing l'avaient théorisé dès les années 1920. La politique de différenciation des marques dans l'automobile, initiée par General Motors pour contrer Ford et son fameux modèle unique, était une manière puissante d'entretenir le désir de consommer, en accélérant au passage l'économie de gaspillage et de prédation de ressources. Hélas, ces vieux trucs marchent toujours.

Mais l'économie de l'intime joue sur des ressorts différents, renvoyant à des ressorts mimétiques ou addictifs individualisés. Il se trouve que ce sont précisément les moteurs que les plateformes savent exploiter, d'où la forte affinité avec le monde numérique. L'expérience historique de nos sociétés montre que l'envie d'accumulation matérielle est étonnamment étendue, et la satiété toujours fuyante. Mais le désir de santé ou de bien-être est intrinsèquement indéfini, sans limite prévisible.

Évitons une ambiguïté. L'économie humano-centrée n'est pas *ipso facto* « humaniste », exprimant le basculement d'une économie de l'aliénation marchande vers une économie enfin recentrée sur les besoins essentiels des humains. Elle constitue – c'est le cœur de ma thèse – une piste privilégiée pour bâtir une économie à la fois plus riche en valeurs positives pour les personnes, plus coopérative et plus écologique, plus économe en ressources matérielles et énergétiques.

Mais rien de tout cela n'est automatique. Les trajectoires peuvent aller vers une société dominée par les impératifs hédonistes d'épanouissement de soi, ou bien vers le renforcement de ce qu'Amartya Sen a popularisé sous le nom de « capabilités », à travers l'éducation, la santé, l'accès à la sécurité personnelle et financière, l'ouverture au monde par la mobilité[1]. Elles peuvent renforcer l'individualisation compétitive ou densifier les tissus de liens et de coopération entre les personnes et les groupes. Elles peuvent accroître ou lisser les inégalités.

Les domaines de la culture et du divertissement, avec leurs frontières poreuses, illustrent parfaitement ces ambivalences. Entre la conquête du « temps de cerveau disponible » et la construction d'individus instruits et responsables, le champ des possibles ne dépend d'aucune fatalité, technologique ou autre. L'économie des données est au cœur de ces ambivalences. La numérisation de la santé et du corps, par exemple, se prête aussi bien à des avancées majeures de la médecine qu'aux projets les plus inquiétants de *Big Brother*.

1. Voir Amartya Sen, *Éthique et Économie, et autres essais,* Paris, PUF, 2012.

L'économie de l'individu est collective

Le grand paradoxe de l'économie recentrée sur l'individu est qu'elle appelle une dimension collective beaucoup plus forte que l'économie marchande traditionnelle. Le marché de la machine à laver s'organise entre des industriels offreurs et des ménages isolés (les choses pourraient changer si la machine à laver entrait dans l'économie servicielle en étant louée, mais c'est une autre histoire).

Le « marché » de la santé ne peut se concevoir sans une dimension collective, sans une infrastructure macrosociétale développée et sans réseaux de liens locaux. Plus l'économie humano-centrée prend en compte la singularité et la diversité des attentes, plus elle appelle la création de systèmes et de réseaux sophistiqués. Les marchés de l'économie des objets étaient (et sont encore) massifiés et organisés en silos juxtaposés. Ils ont progressivement inclus des éléments de différenciation, allant vers ce qu'on a coutume d'appeler le « sur-mesure de masse » : la voiture customisée, la fenêtre sur mesure, le McDo incluant une touche de localisme, etc.

Cette différenciation reste très superficielle. Si on parle de santé, on va retrouver l'idée de la personnalisation – un des grands défis de la médecine – sous une forme beaucoup plus puissante. Surtout, on va voir que la santé des individus, pour être réellement prise en charge, appelle une organisation collective qui ne peut plus être réduite à l'addition des relations bilatérales entre des malades et leurs médecins, relayées par l'hôpital quand c'est nécessaire. La santé des individus est dépendante d'une vision systémique mettant en jeu une multitude d'acteurs, dans un espace donné, avec ses spécificités propres.

Plus on passe d'un monde médico-centré à un monde centré sur l'individu (« patient » ou non), plus cette approche collective s'impose. À propos de mobilité, on constate que le changement majeur n'est pas celui du véhicule, fût-il électrique et autonome. C'est l'organisation de la mobilité prise comme un tout. Si l'on regarde l'alimentation, on voit que le passage vers une économie de l'individu donne une place croissante à la dimension collective : attention nouvelle portée à l'origine des produits, circuits courts ou participation à des AMAP.

Ce *versant collectif* de l'économie humano-centrée reste très largement à construire. Il recèle un immense potentiel de création de valeur, d'activités et d'emplois. Le numérique, exploitant les merveilles de la connectivité et du partage des données, trouve ici un champ d'application privilégié.

Reprenons l'exemple de la mobilité. La question clé n'est pas celle des véhicules, mais celle de systèmes capables de répondre à des attentes très différenciées et prenant en compte transversalement les divers modes disponibles : voitures, taxis ou robots-taxis, transports collectifs plus ou moins lourds, modes doux, etc. Dans les zones peu denses, les attentes ne sont pas les mêmes pour les seniors non motorisés, les ménages avec enfants dans les lotissements éloignés des écoles et des commerces, les jeunes en quête d'un premier job. Dans les zones urbaines denses, la poursuite du modèle automobile dominant devient physiquement impossible en l'état des infrastructures de la plupart des grandes villes du monde – en plus d'être catastrophique sur le plan de l'environnement. L'avenir est donc au couplage entre divers modes, à l'ajustement plus fin entre offre et demande, dans le temps et dans l'espace, et surtout au partage des mobilités, seule piste sérieuse pour éviter l'embolie. Tout cela demande de nouvelles infrastructures, physiques, logicielles et normatives.

Toutefois, considérer le virage vers l'économie de l'individu comme une affaire de systèmes informatiques sophistiqués serait une erreur. Car ce virage est aussi l'occasion de réhabiliter et de développer l'*économie du lien,* de l'échange et de la solidarité vécue[1]. Le potentiel de création de valeur de l'économie humano-centrée réside en définitive dans l'extension des services, marchands ou non, que nous pourrons nous rendre les uns aux autres. Une caractéristique majeure des secteurs que nous évoquons est, dès aujourd'hui, de fournir une grande masse d'emplois à des niveaux d'accessibilité très variés, allant du *high tech* le plus pointu aux emplois de proximité dans les services à la personne (je parle d'« accessibilité » plutôt que de « qualification », car il est difficile de comprendre en quoi la qualification, au sens de la complexité du travail, d'une soignante en EHPAD est inférieure à celle d'un employé de banque ou d'un ingénieur, même si ces derniers sont beaucoup mieux payés).

Leur caractéristique est aussi de mettre en jeu des relations humaines directes, créant les occasions, de plus en plus rares dans nos sociétés en archipels, de contacts entre mondes sociaux différents. Nombreux sont ceux qui, au nom d'un industrialo-productivisme dépassé, rêvent de remplacer ces emplois du lien ou du soin par des machines ou des robots. C'est le contraire qu'il faut faire, quitte à provoquer la baisse des chiffres macroéconomiques de la « productivité ». La crise sanitaire semble avoir, à cet égard, suscité un sursaut de l'opinion. Espérons qu'il sera durable.

Le cœur manufacturier de l'industrie, nous l'avons dit, ne fournira plus dans l'avenir des emplois en grand nombre. Il est d'autant plus crucial pour nos sociétés de développer les emplois accessibles de l'économie humano-centrée.

Systèmes informatiques, économie du lien : sous les deux angles, la *dimension territoriale* est essentielle. C'est le territoire, à des échelles variées, qui va constituer le référentiel pertinent pour concevoir et exploiter les nouvelles solutions. Dès lors que l'on parle des attentes spécifiques des personnes, les problèmes et les solutions sont largement spécifiques aux contextes locaux. C'est

1. Voir Pascale Molinier, *Le Travail du care*, Paris, La Dispute, 2013.

aussi le territoire qui constitue le laboratoire d'expérimentation, à l'échelle 1, pour explorer la viabilité des solutions et permettre une maturation collective des réponses. Enfin, c'est le territoire qui fournit le substrat relationnel permettant à l'économie du lien de se déployer. Individus, systèmes/liens, territoires : tel est le triangle autour duquel nous devons repenser notre base productive.

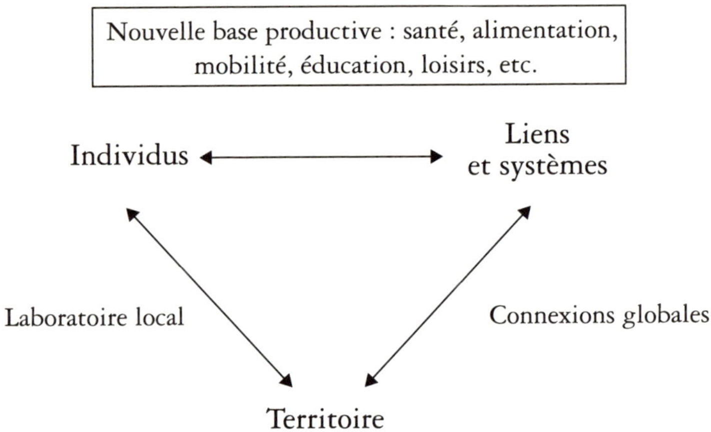

Santé : de grandes marges de progrès

Détaillons le cas de la santé, cœur de l'économie humano-centrée. Angus Deaton rappelle qu'en un siècle l'espérance de vie dans les pays riches a augmenté de 30 ans, et comment cette échappée a creusé des écarts énormes entre pays et entre groupes sociaux[1]. Pour nous, nés dans un monde post-vaccins et post-

1. Angus Deaton, *La Grande Évasion. Santé, richesse et origine des inégalités*, Paris, PUF, 2016.

pénicilline, toute mort évitable et non évitée devient un scandale. La pandémie a marqué de manière assez sidérante l'ampleur de ce tournant, affirmant pour la première fois dans l'histoire la priorité donnée à la santé sur l'économie.

Mais la santé ne se réduit pas au soin, ni à la médecine. La prévention (beaucoup moins développée chez nous que la réparation) et la vie saine en sont des composantes essentielles. On a noté au cours des dernières décennies l'expansion de l'immense nébuleuse du « bien-être », des spécialistes vrais ou supposés de la « forme ». L'alimentation elle-même passe progressivement du statut de nourriture « fonctionnelle » à celui d'une composante tantôt hédoniste, tantôt anxieuse de la santé.

Enfin, il y a l'immense domaine de la santé dite « environnementale » : l'air que nous respirons, l'eau que nous buvons, etc. Personne à ma connaissance n'a vraiment mesuré l'ampleur en emplois et en valeur ajoutée de ces univers. Jean Viard estime que 40 % de nos emplois relèvent du soin, direct ou indirect, au corps d'autrui. Le chiffre est énorme, mais vraisemblable.

Nous considérons spontanément la santé comme un champ spécifique de politiques publiques, comme un service public et un « bien commun » (car la santé des uns conditionne celle des autres : la pandémie en est un utile rappel). Nous la voyons comme un domaine d'activités générateur de dépenses considérables, prises en charge essentiellement par les contribuables et les assurés sociaux. Mais, étrangement, nous avons du mal à la voir comme une source directe de création de valeur, un facteur de développement autant social qu'économique et technologique. Nous considérons l'assemblage d'une voiture comme une création de richesse ; une transplantation cardiaque ou un spectacle donné dans une maison de retraite comme un coût.

Par ailleurs, nous continuons à percevoir le monde de la santé comme une addition d'activités mettant en relation bilatéralement les personnes avec toutes sortes de professionnels. Une conception fondée sur le couple individu-système, comme celle que j'ai esquissée plus haut, ferait apparaître d'immenses possibilités nouvelles. On parle beaucoup d'approche « *patient-centric* », de participation active des personnes à leur trajectoire de santé. Mais qu'en est-il dans la pratique ?

L'organisation collective reste gravement lacunaire et peu efficace. Les « filières de soins intégrés », par exemple, font l'objet d'expérimentations, mais quiconque a l'expérience de l'univers médical sait combien les organisations demeurent fragmentées et cloisonnées, y compris à l'intérieur d'une même structure hospitalière. Le « dossier médical partagé » (DMP) a vu son déploiement accéléré lorsque la CNAM en a repris le pilotage, mais on reste très loin du compte[1]. Quant aux dimensions de prévention, par le suivi et le dépistage, par l'alimentation et le mode de vie, elles restent sous-valorisées, ce qui explique des inégalités de santé particulièrement accusées dans notre pays.

Les outils numériques ont évidemment un bel avenir dans ce champ. Ils ont déjà révolutionné l'imagerie, ils ouvrent des perspectives fascinantes dans le domaine de la virtualisation (des jumeaux numériques), de la télémédecine, du suivi individualisé des personnes. Mais il faut faire la part du discours hyperbolique de certains prophètes et d'une réalité encore modeste. En Europe comme en Amérique[2], les professions de santé et le monde hospitalier sont dans les pelotons de queue de l'informatisation. Le sujet majeur est celui du tissu relationnel qui existe, ou n'existe pas, entre les innombrables parties prenantes.

1. Le DMP est la version informatisée et généralisée du carnet de santé des enfants. Lancé en 2004, son déploiement est très poussif, avec toutefois une accélération récente : 6 millions de personnes avaient ouvert leur compte DMP en 2019.

2. En Europe, certains petits pays sont très avancés, comme le Danemark ou l'Estonie. L'Inde a également des systèmes informatisés très performants, mais limités à certains segments de la population.

On l'a bien vu pendant la crise sanitaire : il y a de sérieuses marges de progrès dans la structuration des relations entre tous les acteurs (ville et hôpital, public et privé, soin et prévention, recherche et clinique).

La santé comme base hyper-industrielle

S'agissant des emplois et des métiers, l'un des atouts majeurs du domaine de la santé est de fournir une gamme extrêmement large d'emplois. Ce sont, de plus, des emplois qu'on peut décrire sur le mode du « métier » (pour simplifier, un « métier » est un job qu'on peut expliquer à ses enfants). Ces métiers ont du sens, même les plus modestes, et ils laissent souvent une large autonomie – autonomie entendue comme une capacité d'action, non une absence de contraintes. Or ce sont là les vertus cardinales qui mobilisent les jeunes générations.

La santé est un secteur « industriel » dont on ne saurait surestimer la portée. Interrogé sur la priorité donnée par Dassault Systèmes au développement dans la santé, le directeur de la stratégie, Pascal Daloz, répondait sobrement : « L'industrie manufacturière dans le monde représente 30 trillions de dollars, la santé 40 trillions[1]. » En restant dans la définition restreinte habituelle, il y a deux grandes branches.

Chacun connaît l'industrie du médicament, historiquement venue de la chimie et désormais pénétrée par les biotechnologies – c'est-à-dire l'utilisation du vivant pour produire des substances utiles, l'insuline par exemple. Cette industrie est peu concentrée, y compris aux États-Unis où elle a réussi à occuper des positions politiquement très puissantes qui expliquent en

1. Voir https://hiboo.expert/video/dassault-systemes-interview-strategique-avec-pascal-daloz-cfo-et-dga-du-groupe/

partie le coût exorbitant de la santé dans ce pays. Elle engage des coûts et des délais de recherche et de développement considérables (l'ordre de grandeur de développement d'une nouvelle molécule est le milliard d'euros ou de dollars), dont le rendement semble structurellement décroissant. La gestion de la propriété est donc au cœur des stratégies.

Pour limiter les risques, l'industrie s'appuie de plus en plus sur les start-up qu'elle rachète sur les campus et sur la recherche publique en général. Comme pour les technologies de l'information, l'offre privée n'existe que grâce à un appui massif, direct et indirect, sur les ressources publiques. Mais l'industrie est aussi très liée à l'État par le volet de la demande, puisque celle-ci est largement socialisée et que les prix ne se décident pas sur un marché ouvert, mais lors de négociations complexes avec les régulateurs et les États. Comme nous l'avons réalisé avec la crise du Covid, les chaînes de valeur sont extrêmement complexes et ramifiées, donc fragiles[1].

On connaît moins l'autre grande branche, comparable en termes d'emploi : celle des dispositifs médicaux (DM), encore appelés « *medtechs* », dont la liste est extraordinairement hétéroclite, allant des scalpels aux IRM, des prothèses aux fauteuils roulants, des masques aux respirateurs[2]. Cet univers est en forte expansion. En France, il est très fragmenté[3], et notre pays arrive

1. Dans la fabrication d'un médicament, on distingue les principes actifs et la galénique (l'enrobage en quelque sorte). Les coûts plus importants, de loin, sont dans la R&D, le marketing et la commercialisation. En France, l'industrie pharmaceutique représentait en 2018 environ 54 milliards de chiffre d'affaires (dont la moitié à l'export) et environ 100 000 emplois.

2. 28 milliards, dont 8 à l'export, et 85 000 emplois.

3. Il est constitué d'une multitude de PME, voire de TPE, avec quelques belles ETI comme Thuasne à Saint-Étienne (matériel orthopédique) ou le cluster de la prothèse métallique à Chaumont et Nogent, qui rassemble 2 000 emplois.

loin derrière l'Allemagne, qui compte 200 000 emplois dans les *medtechs*, avec des clusters comme celui de Tuttlingen, petite ville souabe qui est le centre mondial de l'instrumentation chirurgicale. Nous sommes loin aussi du dynamisme du Danemark, qui est devenu l'un des principaux pôles mondiaux, grâce à une politique volontariste et structurée[1].

Parmi les poids lourds industriels, on ne trouve plus en Europe que Siemens et Philips. La France disposait dans les années 1980 d'une entreprise très en pointe dans le domaine porteur de l'imagerie (la Compagnie générale de radiologie), malheureusement cédée par Thomson à General Electric en 1987.

Lorsqu'on regarde ce paysage industriel avec un peu de recul, deux points méritent d'être soulignés.

1) Le tournant hyper-industriel reste timide. Le virage vers les services et l'intégration biens-services est engagé, mais limité (l'industrie pharmaceutique n'a pas le droit d'accéder directement à l'usager final, mais elle a compris que son avenir était dans le modèle serviciel). Comme dans la mobilité, ce sont des outsiders qui cherchent à occuper les créneaux de l'économie d'usage. Siemens et Philips, sociétés déjà citées créent des plateformes de données de santé. Air Liquide ne fournit plus seulement des gaz médicaux, mais devient prestataire de services à domicile ou même à l'hôpital, pour des maladies chroniques.

2. Les innovations dans les domaines de la santé sont de plus en plus hybrides, mêlant toutes sortes de technologies diverses (matériaux, numérique, biologie). Il y a là une immense source de progrès, dès lors que chercheurs et praticiens collaborent et sont prêts à sortir de leurs labos. Au niveau mondial, la convergence entre les sciences de la vie et les sciences de l'ingénieur est probablement, avec les questions environnementales, le moteur

1. Le portail Healthcare danois (https://www.healthcaredenmark.dk/) présente à la fois le système de soins et de prévention et les atouts du Danemark en matière d'exportation des industries de santé.

le plus puissant d'innovation pour les décennies à venir. Imagerie, virtualisation, robotique, bio-informatique, nouveaux matériaux, biomimétisme, biologie de synthèse : la liste est longue des champs de recherche nouveaux à la croisée de ces mondes qui, il y a encore quelques décennies, n'avaient que de faibles interactions. De grandes universités mondiales ont créé des structures dédiées à ces hybridations, comme le centre Bio X à Stanford. Qu'attend la France ?

La dimension territoriale, enfin, peut apparaître comme paradoxale. Du côté de la recherche et des grandes industries de base, on se trouve bien sûr dans un univers globalisé. Mais plus on s'approche de l'individu, plus la dimension locale redevient essentielle[1]. Les inégalités de santé ont d'ailleurs une composante territoriale très marquée. Le modèle dominant en France est celui d'une déclinaison locale des politiques nationales. Mais la vision faisant des activités de la santé une base essentielle de développement des territoires est encore peu répandue.

Dans de nombreuses villes, l'hôpital et les établissements de soins et de santé en général constituent des sources d'emplois essentielles. Mais peu de territoires regardent la santé comme un élément à part entière de leur base productive, matrice de développement social, économique et technologique. Certains pays comme le Danemark montrent déjà la voie. En France, on peut citer le cas de Strasbourg, qui travaille avec son arrière-pays à la mise en place d'un projet de développement systémique autour de la santé[2].

1. En France, les inégalités sociales (par exemple en espérance de vie) sont considérables et choquantes, mais lorsqu'on neutralise les effets de composition sociale des territoires, il reste un résidu strictement territorial, notamment dans le nord du pays.

2. Programme « Territoire de santé de demain », dans le cadre des territoires d'innovation.

Une trajectoire pour la France et l'Europe

La montée de l'économie de l'individu et de la base productive humano-centrée est une tendance profonde, qui se manifestera quelles que soient les politiques publiques. La question est de savoir si nous y reconnaissons une stratégie possible pour notre avenir et si nous nous organisons en conséquence. La pandémie nous a révélé à quel point la position de notre pays dans des secteurs de gros objets comme l'aéronautique ou l'automobile était aussi un facteur de fragilité. Investir massivement et résolument dans l'économie humano-centrée ne serait pas une solution miracle, mais permettrait de fixer une boussole et de trouver de nouveaux ressorts.

L'enjeu est écologique : celui d'une économie à plus faible empreinte matérielle, car essentiellement organisée autour de services réciproques et localisés. Il est aussi géo-économique et géopolitique. Les solutions inventées ou expérimentées localement pourront être de nouvelles bases de rayonnement et d'exportation. Il est paradoxal que nous ayons à utiliser les services d'une ancienne start-up de San Francisco pour gérer des appariements de mobilité éminemment locaux et spécifiques ; pour cette raison, certains observateurs pensent que la domination d'Uber, qui n'offre pas de technologie différenciante, ne pourra pas durer.

Ne nous y trompons pas. La santé, l'éducation, la sécurité et l'alimentation sont aujourd'hui des cibles privilégiées des grandes plateformes américaines et chinoises. À nous de savoir si nous voulons reconquérir une position européenne qui soit autre que suiviste et dominée. Notre capacité à créer des assemblages novateurs entre la demande des individus et des systèmes collectifs performants, construits autour de valeurs écologiques et sociales, peut être à la fois un relais de croissance interne et une base de projection dans la compétition mondiale. Ce qu'a réussi le Danemark, dans le domaine de la santé, pourrait se réaliser à l'échelle de nos régions, de notre pays et bien sûr de l'Europe.

Enfin, l'enjeu est fondamentalement social et politique. Il est de reconnaître à sa vraie valeur l'immense constellation des emplois du lien, de les développer comme le nouveau socle de l'économie. Il est aussi, plus largement de permettre la création d'une classe moyenne des services qui prenne le relais de celle des opérateurs qualifiés de l'industrie, au lieu de laisser ces emplois de services s'enfoncer dans la précarité ou végéter sans perspectives dans les dédales bureaucratiques et déprimants des administrations.

Tout cela, bien sûr, se traduira par un renforcement de la dimension socialisée de nos économies et de leur caractère d'« économies mixtes » imbriquant le public et le privé. On entend d'ici les cris d'orfraie des libéraux purs et durs. Il est vrai que la mutation pose de redoutables questions. Sortir la santé ou l'éducation de la case comptable des coûts pour les déplacer dans la case des créations de valeur est plus facile à dire qu'à faire. Mais assumer ce changement copernicien serait davantage porteur d'avenir que se limiter à rétablir, sous la pression, un financement correct des « charges » sanitaires ou éducatives, à les « rationaliser » sans vision d'avenir, en déblayant *de facto* le terrain pour la privatisation par les plateformes.

CHAPITRE 4

Le salut par le local ?

Et si les maires gouvernaient le monde[1] ? Aux États-Unis comme en Europe, nombreux sont ceux qui pensent que les choses iraient mieux. Face aux piétinements (ou aux errements) des États, l'action des villes et des territoires, même modestes, apparaît de plus en plus comme la seule manière de sortir de l'impuissance.

Des défis comme le climat sont ultra-complexes, sans solution évidente : il est donc raisonnable de penser qu'une multiplication d'expérimentations, fonctionnant en mode distribué, serait plus efficace que le vieux modèle hiérarchique où les centres de pouvoirs étatiques trouvent une solution et fixent la ligne.

Les pouvoirs urbains et territoriaux, confrontés à la réalité du terrain, seraient aussi moins enclins que les États à fonctionner en silos et à découper les problèmes en tranches sectorielles. Le fait est que notre pays, comme ses voisins, fourmille d'initiatives mariant l'écologie, le numérique, l'économie sociale et solidaire et l'économie marchande ordinaire, le *high tech* et le *low tech*. Ce foisonnement créatif contraste avec la morosité nationale et avec la majestueuse mais stérile mécanique des multiples

1. Benjamin Barber, *Et si les maires gouvernaient le monde ? Décadence des États, grandeur des villes*, Paris, Rue de l'Échiquier, 2015.

« schémas directeurs » par lesquels l'État tente de décliner la transition[1].

Les projets sont portés par des collectivités publiques, grandes et petites, mais aussi, de plus en plus souvent, par des groupes ou des individus qui restent en marge du jeu institutionnel et que les pouvoirs locaux ne savent pas comment associer. Pour ces innovateurs, l'échelle locale peut et doit jouer un rôle majeur, non seulement dans les politiques d'adaptation au changement climatique (dont les impacts seront effectivement très divers), mais aussi dans les politiques actives de la transition.

Les circuits courts – de production, de consommation, de recyclage – sont les vedettes incontestées. Le postulat du lien entre écologie et proximité est désormais largement partagé. Pour le consommateur ordinaire, l'origine locale des produits alimentaires est désormais plus importante, nous dit le patron de Danone, que leur qualification « bio »[2]. Sondage après sondage, le local et la proximité apparaissent comme les valeurs montantes. Le mot clé des dernières élections municipales a été l'« esprit village », y compris au cœur des plus grandes métropoles.

Que faut-il penser de ce néo-localisme ? On abordera ici la question d'abord dans un registre technique, en rappelant que le lien entre les échelles territoriales et les enjeux de l'écologie est complexe et divers, avant de revenir au chapitre suivant sur les dimensions sociales et politiques de ce tournant local.

1. De multiples forums ou réseaux fédèrent ces initiatives. Le 17 septembre 2020, par exemple, un forum dit des « start-up de territoire » réunit à Valence-Romans plus de 2 000 inscrits, autour de thèmes comme : « Chacun de nous peut agir pour changer la vie là où il vit », « La philanthropie et l'altruisme, moteurs du développement du territoire », « Entreprendre pour l'autosuffisance des territoires », « Réinventer la ville et ses usages ».

2. Emmanuel Faber, « Danone veut être le plus local des géants de l'alimentation », *Les Échos*, 19 février 2019.

Relocaliser l'industrie

La découverte de notre dépendance vis-à-vis de producteurs chinois, localisés surtout en Mongolie-Intérieure, agissant en sous-traitance des grands groupes pharmaceutiques pour des médicaments archi-courants comme le paracétamol, ou essentiels comme certains anticancéreux, sans parler des masques et des tests pour le Covid, a agi comme un choc sur l'opinion[1]. Neuf Français sur dix interrogés en avril 2020 souhaitent que l'État favorise la relocalisation des entreprises industrielles sur le sol national, y compris si cela doit se traduire par une augmentation des prix[2].

La question, en réalité, est moins celle de la « relocalisation » d'entreprises parties avec armes et bagages, et susceptibles de revenir au pays, que celle de la maîtrise des grandes chaînes de valeur mondialisées. Celles-ci, depuis une trentaine d'années, ont redistribué les activités autour de la planète, connectant des dizaines voire des centaines de sites (conception, fabrication de composants, tests, assemblage, distribution) sous l'égide de firmes multinationales, grandes ou petites. Nos produits courants se sont alors transformés en des sortes de Lego de composants « *made in* monde ». Ce mouvement s'est appuyé sur la libéralisation des échanges (pour les investissements et le commerce), et l'on estime à environ 70 % la part des échanges internationaux qui relèvent de ces chaînes. La question aujourd'hui posée est celle des excès de cette globalisation et de son avenir. Elle a trois grandes dimensions : écologique, industrielle et géopolitique.

1. Le monde professionnel n'avait pas attendu la crise pour tirer la sonnette d'alarme. Voir le rapport très instructif de l'Académie de pharmacie, « Indisponibilité des médicaments », 20 juin 2018.

2. Voir le sondage Odoxa-Confluence pour *Les Échos* du 14 avril 2020, « Les Français font de la relocalisation la priorité de l'après-crise ».

Les dégâts écologiques du « *made in* monde » ont souvent été soulignés. Le transport maritime massifié des porte-conteneurs géants constitue l'ossature principale de la globalisation. Il assure près de 90 % des tonnes-kilomètres. Il contribue de manière non négligeable aux émissions de GES (entre 2 % et 3 % du total mondial), mais la massification est telle que, rapportée à une unité de produit, cette contribution est faible, très inférieure à celle du transport terrestre terminal, sans parler du transport aérien. Contrairement à l'opinion courante, les longues distances parcourues en mer par les biens et les composants ne sont donc pas le problème principal. Une planète où consommateurs et producteurs (tous vertueux) seraient concentrés dans des ports reliés par des bateaux propres serait même très écologique ! Il est vrai qu'on en est loin.

Le transport maritime reste scandaleusement sous-réglementé sur le plan social et environnemental, même si la profession prend progressivement conscience de la nécessité de se transformer[1]. Il continue souvent d'utiliser les pires carburants soufrés, créant dans les ports des pollutions insupportables. Certains imaginent des solutions de rupture (batteries pour les courtes distances, hydrogène pour les longues distances)[2]. Mais le cœur du problème est l'externalisation de nos émissions et de nos pollutions vers des pays moins regardants.

La vertu relative des Européens en termes d'empreinte carbone est fortement atténuée lorsqu'on considère non pas

1. Voir Jose Maria Larocca, « Time for a carbon levy on shipping fuel », *Financial Times*, 25 septembre 2020. Pour les porte-conteneurs, le groupe français CGM est en pointe dans la réforme environnementale.

2. Voir Chris Goodall, *What We Need to Do Now,* Londres, Profile Books, 2020. La part de l'aérien dans les transports de marchandises est loin d'être négligeable. Mais, pour l'essentiel, les marchandises voyagent dans les mêmes avions que les personnes. Le défi de la décarbonation est donc celui du secteur aérien pris globalement : c'est le défi le plus difficile de tous.

seulement les émissions effectuées sur le sol national, mais celles qui sont incluses dans les consommations importées. Plus les économies sont axées sur les services, plus ce décalage est grand. Le Royaume-Uni est le pays du monde où la différence entre émissions sur le sol national et émissions incluant la consommation est maximale (40 %). En France, les émissions « importées », liées surtout aux produits agricoles et aux matériaux de construction, dépassent les émissions nationales depuis 2020[1].

Le moins-disant environnemental est aussi l'un des moteurs de la globalisation. Personne ne l'avouera publiquement, mais il n'est pas pour rien dans la sous-traitance pharmaceutique en Asie. Il serait donc temps de sortir de ces situations en régulant mieux les échanges. Certains produits interdits en France figurent par exemple en toute légalité dans les biens importés (c'est le cas de l'Atrazine, par exemple). La création d'une taxe carbone aux frontières de l'Europe est une piste privilégiée. N'oublions pas, enfin, tous les impacts négatifs indirects, comme la déforestation tropicale, liés aux formes de spécialisation induites par le marché globalisé, notamment dans les domaines agricole, alimentaire ou énergétique.

Une mondialisation modérée et régulée

La deuxième dimension est technico-industrielle. Les chaînes globales actuelles reposent sur l'idée qu'on peut dissocier spatialement toutes les phases productives. En France, nous avons souvent gardé les bureaux d'étude, mais les usines sont parties

1. Voir le rapport du Haut Conseil pour le climat, « Maîtriser l'empreinte carbone de la France », 6 octobre 2020, appuyé sur Paul Maillet, « La contribution des émissions importées à l'empreinte carbone de la France », *OFCE*, mai 2020.

(pour des raisons sociales ou environnementales, mais aussi, très souvent, pour être à proximité des marchés de consommation). L'idée d'une industrie devenue « *fabless* » (sans usines) a été largement répandue. Elle est justifiée aujourd'hui encore par certains économistes, au prétexte que les phases de fabrication, de plus en plus automatisées, ne joueraient plus qu'un rôle mineur dans la création de la valeur ajoutée globale.

Or cette idée est fausse. L'hyper-industrie appelle au contraire la proximité et l'interaction constante entre la fabrication et les autres fonctions. La recherche a besoin de tester ses solutions en usine. Les clients et les sous-traitants doivent être associés en circuit court à toutes les phases. L'économie émergente tend pour cette raison à se structurer en écosystèmes territorialisés. Aux schémas de division internationale du travail à l'ancienne (les pays de matière grise d'un côté, les pays d'exécution de l'autre, pour simplifier) se substitue ceux de territoires multifonctionnels, regroupant des pôles de conception, de réalisation et de test, avec une grande diversité d'acteurs, et connectés en réseau. On aura reconnu la structure des territoires-laboratoires évoquée au chapitre précédent.

La troisième dimension du débat est géopolitique. Le sujet est immense. Disons d'un mot que nous ne sommes pas condamnés, comme on nous l'a fait croire, à l'alternative binaire entre, d'un côté, la politique du « terrain de jeu mondial aplani » (*level playing field*) où les États se bornent à faciliter par tous les moyens les échanges marchands et, de l'autre côté, le protectionnisme honni. Les États, et dans notre cas l'Europe, ont un rôle central à tenir dans la mondialisation.

Ce rôle ne peut pas se limiter à une sorte de néo-mercantilisme consistant à attirer et à fixer le plus possible de ressources et d'emplois internationalement mobiles, ni à la sacro-sainte concurrence dont l'Europe a été trop longtemps la gardienne. Il est nécessaire, d'abord, de faire respecter des formes de réciprocité. Pourquoi ne pas demander aux investisseurs étrangers les mêmes contreparties (emplois, valeur ajoutée locale) que celles qu'exigent de nous les Chinois ou d'autres ?

Il est surtout important de fixer des cadres régulateurs clairs permettant aux citoyens de comprendre qu'on ne sacrifie pas leurs préférences au libre jeu des marchés[1]. Dani Rodrik, économiste américain, rappelle depuis longtemps que, si on voulait vraiment concilier l'hyper-mondialisation avec la démocratie, il faudrait une gouvernance mondiale[2]. On en est loin. Le seul choix réaliste est donc celui d'une mondialisation modérée préservant un espace national – et européen – de démocratie et de décision.

Interdépendances

À la question simple, « faut-il réduire notre dépendance vis-à-vis des chaînes de valeur ? », la réponse tout aussi simple est : « Oui, bien sûr. » Et pas seulement pour certains biens dits « stratégiques », dont la définition est par ailleurs flottante. En France, un tiers seulement des produits manufacturés consommés est « *made in* France ». C'est trop peu. Les deux tiers de nos biens de consommation courante sont importés principalement de l'Union européenne, plus encore que de la Chine. Bien des entreprises, comme SEB dans l'électroménager, montrent pourtant tous les jours qu'on peut produire en France à des coûts compétitifs. Il faut évidemment favoriser la réimplantation d'usines. Mais l'objectif est surtout de développer de nouvelles activités, de réinventer une base productive, et pas seulement de camper sur des positions défensives.

1. Voir David Djaïz, *Slow Démocratie. Comment maîtriser la mondialisation et reprendre notre destin en main*, Paris, Allary Éditions, 2019.

2. Voir Dani Rodrik, *Nations et Mondialisation. Les stratégies nationales de développement dans un monde globalisé*, Paris, La Découverte, 2008.

Il faut comprendre aussi qu'une vision simpliste et romantique de la relocalisation massive, voire d'une forme d'autarcie, n'est pas réaliste. Même dans un scénario très volontariste, il serait impossible de rassembler à l'échelle nationale, encore moins locale, l'ensemble des composants et des compétences nécessaires pour une grande partie des objets et des services que nous utilisons. L'échelle pertinente est l'Europe. Même à cette échelle, des dépendances majeures subsistent, en microélectronique par exemple. Ce sont ces déficits stratégiques partagés qu'il faut combler en priorité.

Nous sous-estimons gravement les interdépendances qui sont sous-jacentes à notre mode de vie. Ces interdépendances sont industrielles et technologiques, en raison de l'augmentation de la « profondeur technologique » évoquée au chapitre 1, que la globalisation a encouragée. Elles sont aussi scientifiques, culturelles et humaines : la circulation des femmes et des hommes, des professionnels et des chercheurs constitue aujourd'hui une modalité de la globalisation aussi importante que la circulation des capitaux. Qui aurait intérêt à ce que cette circulation des compétences, des idées et des talents s'enferme au sein d'espaces nationaux et locaux ?

Les États-Unis le savent bien, qui captent dans leurs universités et leurs entreprises un apport considérable, vital pour le pays, d'intelligence et d'énergie en provenance du reste du monde (surtout d'Asie). La Grande-Bretagne post-Brexit va sans doute être très agressive sur ce plan. L'Europe et la France n'ont aucun intérêt à se replier sur elles-mêmes. Elles doivent au contraire accroître leur capacité d'accueil et de rayonnement, notamment en ouvrant leurs politiques de recrutement d'étudiants mais aussi d'enseignants dans les universités. La crise du Covid le montre de manière éclatante : les réflexes de fermeture sont naturels, mais contre-productifs. Face à des problèmes globaux comme ceux du climat, de la biodiversité et de la santé, seules des coopérations internationales renforcées ont une chance de nous tirer d'affaire.

Une nouvelle phase de la globalisation

La globalisation que nous critiquons appartient déjà au passé. Avant la crise actuelle et le tournant qui semble enfin s'amorcer en Europe vers une affirmation géopolitique moins timide, de nouvelles formes ont commencé à émerger. Le décrochage constaté depuis la crise financière de 2008-2009, entre la croissance des échanges internationaux et celle du PIB mondial, a conduit certains économistes à parler de « démondialisation ». Ils sont allés vite en besogne. Car les taux d'ouverture des divers pays au commerce n'ont pas vraiment varié[1].

Mais les échanges se sont nettement « régionalisés » autour de trois grands pôles : la Factory Asie, la Factory Europe, autour du hub allemand, et la Factory nord-américaine, la Chine gardant une position particulière de pivot du système mondial. Par ailleurs, chacun voit bien que le contexte global a complètement changé, avec le retour en fanfare de la géopolitique de puissance dans l'économie, ainsi que le reflux général des accords multilatéraux au profit d'une prolifération d'accords bilatéraux ou régionaux. Les entreprises savent qu'elles devront désormais combiner leurs objectifs globaux avec des adaptations nationales et locales beaucoup plus variées et flexibles. De nouvelles architectures semblent se dessiner, la crise jouant un rôle d'accélérateur. Il est probable qu'il y aura moins de circulation physique de composants à longue distance, d'autant moins que ces composants

1. Les chiffres du commerce extérieur en valeur ajoutée sont disponibles dans la base de données TiVA de l'OCDE. Pour une analyse fine des dépendances industrielles mutuelles, voir Richard Baldwin et Rebecca Freeman, « Supply chain contagion waves », 1er avril 2020, téléchargeable sur https://voxeu.org.

pourront être dupliqués localement à coût très faible, grâce à des « jumeaux numériques » qui pourraient changer la donne.

L'intégration se fera surtout par les données. Les produits pourront être customisés à proximité immédiate des marchés. Les progrès de la robotisation permettront aussi de faire revenir des productions intensives en travail dans les pays riches. Tout cela va dans le sens d'une moindre empreinte énergétique et matérielle. Mais, en même temps, soyons conscients que cette bonne nouvelle pour nous est une mauvaise nouvelle pour le Bangladesh et beaucoup de pays émergents. Les schémas productifs seront plus divers, moins monolithiques que ceux de la phase dont nous sortons. Il est illusoire de penser qu'ils marqueront la fin des firmes globales.

En revanche, on peut imaginer des systèmes d'acteurs plus diversifiés, faisant coexister des modèles économiques, managériaux et sociaux plus variés. En dehors des méga-machines comme les fermes de serveurs, dispersées loin des centres de peuplement, il y aura moins de grandes usines, mais des tissus de petites ou très petites unités, mêlant conception, prototypage, fabrication, customisation pour les clients et services spécialisés. Ces unités pourront réintégrer les cœurs des villes et trouver de nouvelles relations avec l'habitat et les autres fonctions urbaines

L'énergie au cœur de la reterritorialisation

Si les systèmes manufacturiers sont susceptibles de présenter de multiples combinaisons entre le local, le national et le global, la reconstruction des systèmes énergétiques (électricité, mais aussi production de chaud et de froid) privilégie clairement le creuset territorial[1]. Les énergéticiens parlent des 3D : décarbonation, digitalisation, décentralisation.

1. Ce paragraphe doit beaucoup à Cyril Roger-Lacan.

En Europe, cette dimension territoriale est inscrite dans l'histoire, en raison de la prévalence du « bloc communal » dans la production et la distribution de l'énergie. Les 700 *Stadtwerke* (entreprises municipales) allemandes produisent et distribuent 60 % de l'électricité du pays, sans oublier la chaleur. Le cas de la France est très différent en raison de la centralisation historique du système électrique et d'un régime de concession par les communes qui s'est considérablement anémié au fil du temps, mais qui renaît aujourd'hui. La décentralisation est bien sûr liée, pour l'électricité, à la montée des énergies renouvelables (ENR), solaires et éoliennes, s'appuyant sur des ressources locales spécifiques, malheureusement intermittentes.

En Allemagne et en Europe du Nord, les communes et les investisseurs locaux ont, dans un premier temps, beaucoup investi dans les ENR, reportant les coûts de l'intermittence sur les usagers et les contraintes sur les opérateurs de réseau. Aujourd'hui, les nouveaux projets devront porter les risques de marché. En France, pays qui bénéficie d'un système électrique décarboné à plus de 90 % grâce au nucléaire, l'investissement dans les ENR a été nettement plus faible, mais il progresse rapidement.

L'enjeu de la reterritorialisation ne se limite pas à l'électricité. Il concerne au premier chef les besoins de chaleur et de froid, qui représentent près de la moitié de la demande énergétique (deux fois plus que l'électricité) et qui sont, dans le cas français, le levier principal et méconnu de décarbonation des territoires. Une piste privilégiée est celle de la production collective par des réseaux de nouvelle génération utilisant des sources renouvelables (géothermie notamment). La montée de la demande en froid est aussi un enjeu considérable pour le monde et pour la France, et la généralisation des climatiseurs individuels doit à tout prix être évitée.

L'énergie, enfin, est au carrefour de multiples fonctions territoriales. Ses interfaces avec la mobilité (gestion des batteries des voitures électriques, par exemple), l'urbanisme, l'eau et les déchets appellent une vision systémique, dont on sent bien qu'elle doit être territorialement différenciée. Les multiples variables en jeu ne seront pas les mêmes à Mulhouse et à Montpellier, à Copenhague et à Madrid. Les solutions pertinentes seront donc différentes.

Mais attention : le local peut se décliner de multiples manières, à des échelles variées, allant de micro-grilles communautaires, de quartier ou d'îlot, aujourd'hui fréquentes au Danemark mais encore embryonnaires en France, à des ensembles plus vastes. En France, le département de la Vendée (par le biais d'un syndicat SyDEV) a mis en place une série d'actions pionnières allant de la mobilité électrique à l'éclairage public, en passant par des actions de solidarité et la production de renouvelables.

À une tout autre échelle encore, de très grands projets industriels cherchent à traiter le problème de l'intermittence éolienne. Au lieu de multiplier d'immenses fermes en mer raccordées individuellement aux réseaux nationaux, ce qui multiplie les coûts et diminue l'efficacité systémique, l'opérateur de transport d'électricité néerlandais TenneT promeut l'idée d'îles artificielles en mer du Nord servant de « hubs » pour ensuite redistribuer de manière optimisée l'électricité vers les pays riverains. Les pétroliers pourraient être associés à ces méga-projets et trouver ainsi des débouchés nouveaux facilitant leur départ du monde fossile[1]. Il y a local et local.

La préférence pour la proximité

Le néo-localisme postule comme allant de soi le lien entre les grands défis écologiques et la proximité (pour manger,

1. Chris Goodall, *What We Need to Do Now*, *op. cit.*

produire, consommer, recycler, inventer). Or cette évidence mérite d'être questionnée. Prenons le cas emblématique de l'alimentation.

Les entreprises du secteur ont pris conscience du fait que, pour les consommateurs, l'origine locale des produits est devenue essentielle. Les producteurs locaux et les petites marques secouent les grandes marques installées, qui font feu de tout bois pour rattraper et maîtriser le courant, en déclinant elles-mêmes leurs produits sous des formes différenciées. Danone, par exemple, réalisait 58 % de ses revenus en 2019 avec des marques locales[1]. L'esprit « locavore » prend de l'ampleur.

En réalité, si l'on regarde les choses de manière froidement rationnelle, l'arithmétique des circuits courts est pleine de surprises contre-intuitives[2]. Le transport étant la partie la plus visible des coûts, on surestime presque toujours son poids dans le coût énergétique et environnemental. Or, dans l'alimentation, les phases les plus coûteuses sont celles de la production, du stockage intermédiaire ou final et de la préparation des plats.

Faire venir par transport massifié des légumes ou des fruits de qualité produits dans de bonnes conditions (avec du soleil et de l'eau) n'est donc pas l'hérésie souvent mise en avant. Poussant la provocation, on pourrait même ajouter que le transport de masse est bien plus favorable que les tournées locales des camionnettes. Cela dit, chacun voit que, dans les circuits courts, les effets de sociabilité, de convivialité et de redécouverte des voisinages comptent davantage que le froid calcul financier.

Qu'on me comprenne bien : la revitalisation d'une agriculture de proximité et de qualité est un objectif auquel je souscris sans réserve. Mais la proximité comme principe absolu est discutable. N'oublions pas que, du point de vue énergétique

1. Voir l'interview d'Emmanuel Faber déjà citée en p. 64.

2. Stephen Budiansky, « Math lessons for locavores », *The New York Times*, 19 août 2010.

et écologique, ce sont les changements de régime alimentaire (la moindre consommation de viande) qui ont l'impact le plus décisif[1].

La valorisation de l'origine locale déborde largement le monde alimentaire. Toutes les enquêtes confirment la préférence des consommateurs pour la proximité, identifiée implicitement à la responsabilité environnementale[2]. On pourrait bien sûr rétorquer que ce localisme est souvent plus déclaratif qu'effectif, les pratiques réelles de consommation restant largement dissonantes par rapport à la théorie, y compris et peut-être surtout chez les bobos urbains.

On rappellera aussi que, dans tous les domaines, la dimension temporelle est aussi importante que la dimension spatiale. Les organisations productives et logistiques axées sur la réactivité, la multiplication permanente des gammes de produits sont particulièrement inamicales pour l'environnement : l'exemple de la *fast fashion*, qui se glorifie volontiers de la proximité de ses fournisseurs, en est ici l'illustration parfaite.

Au bout du compte, on aurait tort de s'en tenir aux arithmétiques techniques. L'enjeu de la proximité est social et sociologique avant tout. Il est de recréer du lien concret dans un univers devenu abstrait et impersonnel.

1. Bill Gates, dont le blog abonde en images frappantes, note que, si le bétail (*cattle*) était un pays, il serait le troisième émetteur de GES du monde, assez loin derrière la Chine, mais juste derrière les États-Unis et loin devant l'Inde.

2. Voir les travaux de l'Obsoco (Observatoire société et consommation) sur www.obsoco.com.

CHAPITRE 5

Proximités et interdépendances

Le débat sur la valorisation de la proximité ne peut pas se réduire à des argumentaires techniques. Cette valorisation est inséparable d'un mouvement culturel beaucoup plus vaste, plus diffus et très bigarré. On peut y retrouver bien sûr les vieilles tentations du repli, mais aussi, au pôle opposé, le désir d'un nombre croissant de personnes, surtout parmi les plus jeunes, de retrouver la maîtrise de leurs parcours de vie, de sortir des labyrinthes où les enferment les logiques des grandes organisations et les parcours de vie ultra-compétitifs des grosses métropoles.

L'investissement écologique et la recherche du faire par soi-même, modeste mais tangible, constituent alors une manière privilégiée d'exprimer cette attente. Cette valorisation du proche sous-tend aussi de nouvelles attitudes à l'égard des villes et notamment des grandes villes, parfois accusées de tous les maux. Certains, comme Bruno Latour, pensent que, en rendant sensibles et concrets des problèmes souvent présentés de manière abstraite et lointaine, l'action territoriale est irremplaçable pour créer l'énergie du changement[1].

1. Bruno Latour, *Où atterrir ? Comment s'orienter en politique*, Paris, La Découverte, 2017.

Mais la valorisation unilatérale du proche peut devenir problématique lorsqu'elle crée des illusions d'autosuffisance et, surtout, lorsqu'elle ignore les interdépendances et les solidarités interterritoriales, fondatrices de notre contrat social.

Une révolte contre l'abstraction

La valorisation actuelle du local n'est pas nouvelle. Un premier virage a eu lieu dans les années 1980, lorsque les acteurs politiques et économiques locaux ont compris que le modèle de croissance par le haut, piloté directement par l'État, avait épuisé ses munitions[1]. Une nouvelle idée s'est répandue : celle du « développement local » plus ou moins endogène.

On a redécouvert le dynamisme des districts industriels spécialisés de l'Italie centrale ou de l'Allemagne du Sud, qui avaient échappé à l'intégration nationale à la française et qui ont été érigés en nouveaux modèles, plus ou moins mythifiés. On a compris que, dans le nouveau contexte de mondialisation, les territoires locaux, loin d'être disqualifiés, pouvaient au contraire renforcer leur rôle, parce qu'ils apportaient toutes sortes de ressources cruciales pour la compétitivité dans un monde ouvert : confiance entre les acteurs, compétences localement enracinées, capital social.

Mais le « tournant local » actuel ne se situe que très partiellement dans la continuité de ce paradigme. Les acteurs ne sont pas les mêmes et les enjeux se sont déplacés de l'économie à l'écologie. On pourrait ici évoquer les formes expérimentales, avant-gardistes, qui comme toujours accompagnent les grands

1. En particulier, la possibilité d'orienter les nouveaux emplois industriels vers tel ou tel territoire (téléphonie en Bretagne, automobile dans le Nord). Après 1975, l'industrie perd des emplois.

glissements : la France des oasis et des contre-sociétés[1], qui encouragent l'autonomie, voire la déconnexion. On pourrait évoquer les résonances politiciennes que suscite toute vision anticentraliste, depuis l'inoxydable défense de la ruralité (avec son siège au Sénat) jusqu'au virage spectaculaire, peu remarqué, du Rassemblement national, faisant du « localisme identitaire et écologique » sa nouvelle bannière, sous l'influence de l'essayiste Hervé Juvin.

Mais la montée de la valeur locale est bien plus diffuse. Vouloir lui assigner une orientation idéologique claire est d'autant plus vain que ses acteurs valorisent surtout le pragmatisme, l'action concrète, *hic et nunc*.

Une définition possible de la valeur locale serait celle-ci : une révolte contre l'abstraction. Ce qui est rejeté, explicitement ou implicitement, c'est l'abstraction des grandes organisations, publiques ou privées, où le travail n'est plus qu'un maillon dans de longues chaînes, et où les parcours sont bâtis autour d'une compétition sans fin pour les places et les pouvoirs. Le philosophe allemand Rüdiger Safranski, dans un bref essai intitulé *Quelle dose de mondialisation l'homme peut-il supporter ?* paru en 2004, parlait d'un besoin de « clairière » dans laquelle se reposer, au milieu de la jungle des flux et des interactions[2].

L'écologie est devenue l'un des langages privilégiés dans lequel s'exprime cette révolte. La génération des trentenaires, entrée sur le marché du travail au moment de la crise financière, et celle qui s'apprête à la rejoindre dans un contexte encore plus sombre ont de bonnes raisons d'être exaspérées par l'inertie des générations précédentes. Des enquêtes ont été menées sur le néo-localisme des jeunes Américains. On croirait lire un portrait des jeunes Français, malgré les différences bien connues

1. Voir le dossier de Nicolas Truong, « La France des contre-sociétés et des oasis », *Le Monde*, 14 décembre 2019.

2. Rüdiger Safranski, *Quelle dose de mondialisation l'homme peut-il supporter ?*, Arles, Actes Sud, 2004.

entre les deux pays au regard des « communautés locales »[1]. La force de ce mouvement vient aussi, sans doute, de sa congruence avec un glissement plus global des valeurs où se mêlent diverses dimensions.

Il y a la recherche de l'autonomie, du contrôle de sa vie, devenue la valeur cardinale des nouvelles générations, avant la recherche de sécurité. Il y a la recherche du sens à donner à l'activité professionnelle et au parcours de vie en général, le refus des « *bullshit jobs* » mais aussi des tâches qualifiées dont on ne perçoit plus la finalité. Comme le dit joliment Jean-Laurent Cassely, nombreux sont celles et ceux qui ne veulent plus être les « OS d'Excel et de PowerPoint[2] ».

On y trouve aussi la volonté de maîtriser les produits de son activité, se traduisant par une préférence pour l'activité de courte portée. De l'éloge du carburateur à celui de la charpente[3], du succès des *fablabs* aux ateliers coopératifs en tous genres, ce retour au « faire » est omniprésent, dans les librairies comme dans la vie professionnelle. Dans ce retour au proche transparaît une nostalgie des communautés d'action concrètes, du *plaisir de faire ensemble* autrement qu'à travers la connectivité numérique.

1. Voir l'excellent article d'Anne Snyder, « Millocalists ? The real story behind millenials and the new localism », *in* Joël Kotkin et Ryan Streeter, *Localism in America*, American Enterprise Institute, 2018.

2. Jean-Laurent Cassely, « Néo-artisanat », *Cahier de Tendances 2019*, Fondation Jean-Jaurès, 2019.

3. Voir par exemple Matthew Crawford, *Éloge du carburateur. Essai sur le sens et la valeur du travail*, Paris, La Découverte, 2009 ; Arthur Lochmann, *La Vie solide. La charpente comme éthique du faire*, Lausanne, Payot, 2019 ; et Isabelle Berrebi-Hoffmann, Marie-Christine Bureau et Michel Lallement, *Makers. Enquête sur les laboratoires du changement social*, Paris, Seuil, 2018.

Oublier les métropoles ?

La révolte contre l'abstraction coïncide souvent avec le rejet de la grande ville, biotope de la société de compétition, de la lutte sans fin pour les places. Qui dit « local » aujourd'hui pense surtout aux villes petites et moyennes. Les signes de désamour à l'encontre des métropoles ne datent pas de la crise du Covid. Ils procèdent aussi de raisons pratiques, comme le coût de la vie (en particulier du logement) et le stress de la vie quotidienne.

Depuis plusieurs décennies, les jeunes Franciliens sont très nombreux à migrer, *grosso modo* à l'arrivée du premier enfant, vers les villes de province, surtout celles de l'Ouest et du Sud. Une enquête du CEVIPOF de juin 2019 révèle que 45 % des sondés préféreraient vivre à la campagne, dans une ville moyenne (41 %) de préférence à une métropole (13 %). Si l'on suit ce sondage, les résidents des métropoles ne le seraient plus que par défaut ou par contrainte !

Pendant la crise du Covid, on a vu émerger des positions radicales accusant les métropoles et leur haute densité de tous les maux et, parfois, prédisant leur effondrement. En réalité, sur l'aspect sanitaire, il est trop tôt pour tirer des conclusions définitives. S'il y a un lien entre la pandémie et la densité, ce lien est pour le moins complexe. Une étude récente montre que, aux États-Unis, la densité est corrélée à un démarrage plus précoce de la pandémie, mais nullement à son incidence finale et à la létalité[1].

Quant aux conséquences de l'immense expérimentation sociale du travail en confinement, il est prématuré, là encore, d'être affirmatif. Les emplois des grandes métropoles sont en moyenne beaucoup plus nombreux à se prêter au télétravail : 54 % à Londres, 51 % en Île-de-France et à Stockholm, avec des

1. Felipe Carozzi, Sandro Provenzano et Sefi Roth, « Urban density and Covid-19 », *CEP Discussion Paper*, n° 1711, août 2020, LSE.

variations intéressantes (50 % à San Francisco, mais seulement 30 % à Los Angeles où l'économie repose davantage sur des activités de contact). Que va-t-il se passer après la pandémie ? Un scénario possible est que les urbains les plus connectés seront de plus en plus nomades, profitant des formes de flexibilité offertes par la télé-activité. Mais un bouleversement global des structures territoriales paraît peu probable[1].

Qu'en est-il enfin de l'argument du coût écologique de la densité dans les grandes villes ? Il paraît de bon sens lorsqu'on constate l'importance des pollutions atmosphériques urbaines, problème majeur et persistant de santé publique, notamment à Paris et à Londres, et le volume d'émissions de GES directement émises par les grands centres urbains. L'argument est toutefois plus faible qu'il ne semble de prime abord. Les problèmes de santé environnementale ne sont pas propres aux villes. S'agissant des émissions, on dispose de peu de données vraiment fiables. Mais on peut s'appuyer sur une vaste étude internationale estimant les émissions directes, mais aussi indirectes (c'est-à-dire incluant les émissions incorporées dans les biens et services consommés dans les villes) pour 13 000 villes dans le monde[2].

D'après cette étude, les 100 premières aires urbaines du monde, qui rassemblent 11 % de la population mondiale, sont responsables de 18 % de l'empreinte carbone mondiale, avec de

1. Voir Richard Florida, Andres Rodriguez-Pose et Michael Storper, « Cities in a post-Covid world », *Papers Evolutionary Economic Geography (PEEG)*, vol. 2041, septembre 2020.

2. Daniel Moran, Keiichiro Kanemoto *et al.*, « Carbon fooprints of 13,000 cities », *Environmental Research Letters*, vol. 13, 2018. La distinction entre émissions directes et indirectes (liées à la consommation) est fondamentale. Dans le jargon, on parle souvent de scope 1 et scope 3. En incluant ce scope 3, l'empreinte carbone d'une ville est souvent multipliée par 2 ou 3. L'étude comprend de nombreuses conventions de calcul et incertitudes, mais celles-ci ont l'avantage d'être homogènes. Le programme réunit des chercheurs norvégiens, japonais, suédois et américains.

fortes variations selon les villes (Séoul arrive en tête, Londres en 15e position, Paris en 23e). Mais on note aussi que les émissions sont fortement corrélées au niveau de revenu. Les ménages du premier décile sont à l'origine de 30 % des émissions[1]. Or les riches sont largement concentrés dans les villes. Une étude anglaise a montré que, dans les villes britanniques, l'empreinte carbone est essentiellement déterminée par la composition sociodémographique, les caractéristiques physiques et infrastructurelles étant de bien moindre influence. Autre chiffre impressionnant : les 5 % d'habitants les plus aisés vivant hors des zones urbaines denses génèrent 32 % des GES aux États-Unis et 21 % en Chine.

Choix urbains et mobilités

Il faut concentrer les efforts de décarbonation là où les émissions, en valeur absolue, sont les plus fortes. Cela relève du bon sens. Mais on ne peut pas affirmer qu'en termes relatifs les métropoles sont plus inefficaces écologiquement que d'autres territoires. Dans les pays émergents, l'urbanisation s'accompagne d'une élévation du niveau de vie et d'une marchandisation croissante de la consommation, qui sont de puissants facteurs de croissance de l'empreinte carbone par tête. Cela ne vaut pas pour un pays comme la France, où le degré de consommation marchande est très homogène.

Il y a bien longtemps que les habitants des petits bourgs et même des campagnes ont cessé de se nourrir avec leurs potagers. Imaginons que, d'un coup de baguette magique, tous les habitants des grandes villes soient relocalisés dans les villes moyennes et petites. L'empreinte carbone du pays serait augmentée, non diminuée. Car il ne faut pas oublier que la densité est aussi un

1. Klaus Hubacek *et al.*, « Global carbon inequality », *Energy, Ecology, Environment,* vol. 2, 2017, p. 361-369.

moyen très efficace d'économiser les ressources. Et il faut rappeler que les objectifs de neutralité carbone doivent s'appliquer au territoire en général. C'est l'ensemble complémentaire formé par les villes et leur hinterland rural ou forestier, avec les puits de carbone correspondants, qu'il faut considérer.

Faut-il en conclure qu'il n'y aurait rien à faire dans les villes ? Bien au contraire. Prenons la question des transports. En France, les problèmes découlent moins de la croissance des métropoles que des formes spatiales émiettées qu'elle a prise au cours des dernières décennies. Avec le bas prix du pétrole, l'insuffisance des investissements dans les transports collectifs et surtout l'abandon de toute planification (les plans d'urbanisme étant décidés par les communes), les grandes périphéries des villes ont connu l'éparpillement incontrôlé des lotissements dans de petites communes.

En conséquence, la mobilité automobile contrainte a explosé. La voiture est la première source d'émissions de GES en France (environ 16 %). En distinguant trois aires (les cœurs urbains denses, les premières couronnes suburbaines et les deuxièmes couronnes plus diffuses des grands bassins d'emplois), on note des contributions très différentes aux émissions carbonées des mobilités. Les cœurs de ville représentent 2 % des émissions, les échanges internes aux couronnes urbaines 73 % et les échanges entre cœur et couronnes 25 %[1]. Oublions donc les cœurs urbains, leurs voies sur berges et leurs pistes cyclables. Les médias ne parlent que de cela, mais les enjeux sont ailleurs.

Le problème est celui des nappes suburbaines, proches ou lointaines, et des zones rurales peu denses. Les choses seraient très différentes si l'on avait su concentrer la croissance le long d'axes de transports collectifs. Que faire aujourd'hui ? Il faudrait cesser de rêver à une substitution massive de la voiture par d'autres modes, mais passer rapidement à l'électrification automobile et encourager fortement les usages coopératifs ; il faudrait surtout

1. Voir Jean Coldefy *et al.*, *Décarboner la mobilité*, ATEC-ITS, 2020.

rebâtir des réseaux de type RER dans quelques grandes agglomérations françaises qui en sont cruellement dépourvues, comme Lyon, la métropole en réseau Aix-Marseille-Provence, ou encore l'ensemble formé par la métropole lilloise et le bassin minier.

Le mot d'ordre « Haro sur les métropoles » correspond aux attentes d'une partie de la population, fatiguée du stress urbain. Il actualise un vieux fond idéologique anti-urbain français. Mais sa justification écologique est douteuse. N'oublions pas que les métropoles sont des fenêtres ouvertes sur le monde, les foyers d'un cosmopolitisme qu'il serait triste de voir se dissoudre dans un localisme nostalgique. Elles sont les lieux où se concentrent les opportunités pour des catégories très diverses de la population. Les inégalités y sont plus fortes qu'ailleurs, mais, si l'ascenseur social y reste poussif, il fonctionne mieux que dans les territoires peu denses[1].

« Verdir » les métropoles est une nécessité, pour limiter la pollution de l'air et réduire les îlots de chaleur. Mais il ne faudrait pas que ce verdissement, porté par les secteurs les plus « gentrifiés », accentue la déchirure de nos sociétés : d'un côté, ceux qui ont le choix de leur mode de vie, y compris du point de vue territorial (on l'a vu durant le confinement) ; de l'autre, ceux qui sont assignés à résidence, avec des perspectives de plus en plus limitées.

Modèles distribués

André Gorz, dans un de ses derniers écrits, imaginait un « monde où pratiquement tout le nécessaire et le désirable pourront être produits dans des ateliers coopératifs et communaux », mais aussi un monde « où les ateliers communaux

1. Voir Clément Dherbécourt. « La géographie de l'ascenseur social français », document de travail 2015-06, *France Stratégie*, 2015. Aux États-Unis, voir les travaux pionniers de Raj Chetty.

d'autoproduction seront interconnectés à l'échelle du globe, et pourront mettre en commun leurs expériences, inventions, idées et découvertes »[1]. On peut douter du réalisme de la première phrase. Mais le schéma d'organisation fondé sur des unités locales dotées d'un haut degré d'autonomie et mises en réseau à l'échelle plus ou moins globale est un schéma générique puissant, qui est de plus en plus présent dans le monde contemporain et dans de multiples champs.

La raison principale en est que les économies d'échelle, toujours décisives, nécessitent de moins en moins la concentration physique et peuvent se marier de mille manières avec les économies de réseau spatialement distribuées. Intuitivement, on comprend aussi que ces systèmes fortement distribués sont plus résistants aux chocs que les systèmes centralisés et hiérarchiques[2]. Nous avons évoqué le cas de l'énergie et celui des formes émergentes de la « globalisation distribuée » dans les entreprises. La géographie des villes s'organise elle aussi, de plus en plus, sous des formes d'archipels connectant des pôles de tailles diverses, qui viennent croiser les organisations étatiques en plaques continues traditionnelles.

Ces réseaux distribués ont joué un grand rôle dans le passé. On pense aux villes de la Hanse, aux réseaux de villes italiennes et flamandes, ou au millier de cités grecques de l'époque classique qui ont, malgré l'absence totale de centralisation politique, porté une vague de croissance restée, selon Josiah Ober, sans équivalent jusqu'à la Renaissance[3]. Nos systèmes de villes, au sein des espaces nationaux, pourraient s'organiser de plus en plus selon

1. André Gorz, *Écologica*, Paris, Galilée, 2008, p. 40-41.

2. Voir Nassim Nicholas Taleb, *Antifragile. Les bienfaits du désordre*, Paris, Les Belles Lettres, 2012.

3. Josiah Ober, *L'Énigme grecque. Histoire d'un miracle économique et démocratique (VIe-IIIe siècle avant J.-C.)*, Paris, La Découverte, 2017 (2015). L'auteur montre les liens très subtils entre les institutions démocratiques et

ce mode distribué, limitant la concentration physique dans les métropoles.

N'oublions pas, toutefois, les interdépendances financières, techniques, juridiques qui les relient. Les cités grecques étaient, selon l'image de Platon, comme des grenouilles autour d'une mare, des « sous-systèmes » largement autonomes échangeant entre eux. Ce n'est plus du tout le cas de nos territoires. Ceux-ci sont plutôt comme des nœuds au sein d'un vaste système de flux qui les traversent et les relient. Les voir comme des entités autonomes ou semi-autonomes relève d'une illusion d'optique.

Les États hiérarchiques, en digérant progressivement les structures en réseaux prémodernes, ont bridé leur dynamisme, qui cherche aujourd'hui à renaître. Mais ces États ont aussi créé des formes de solidarité et d'assurance qui restent fondamentales – on l'a redécouvert avec la crise actuelle. Le seul échelon de solidarité substantiel est aujourd'hui celui de l'État-nation, du fait de l'impôt, de la dépense publique, des tarifications des services publics et de la Sécurité sociale[1]. Les solidarités concrètes locales ou familiales sont importantes, mais elles pèsent peu, en définitive, par rapport aux solidarités nationales invisibles, qui se traduisent par des redistributions sociales mais aussi territoriales de grande ampleur. On aimerait bien sûr que celles-ci se déplacent vers le niveau européen, mais on voit la longueur du chemin à parcourir.

L'accord Merkel-Macron du 18 mai 2020 a marqué une ouverture vers un début de solidarité budgétaire. Mais la disproportion entre le niveau des transferts infranationaux et celui des transferts européens reste immense, de 1 à 10 au moins. En

---

cette économie distribuée, pilotée par des marchés d'États sous contrôle des citoyens et encadrée par des règles très fortes.

1. Ces points ont été amplement analysés par Laurent Davezies. Voir *La République et ses territoires* Paris, Seuil/La République des Idées, 2008, et *Le Nouvel Égoïsme territorial*, Paris, Seuil/La République des Idées, 2015.

sens inverse, il n'est pas besoin d'être un spécialiste du « fédéralisme fiscal » pour comprendre que la redistribution locale est forcément plus limitée et souvent moins équitable que la redistribution à une échelle supérieure. Dans un territoire globalement pauvre, les moins pauvres paient pour les plus pauvres !

Il y a enfin la question de la justice tarifaire. J'ai évoqué la décentralisation énergétique. Qui accepterait qu'elle se traduise par un démantèlement des péréquations tarifaires, que l'électricité soit moins chère lorsqu'on a la chance d'habiter au pied d'un barrage ? Ces distorsions existent aujourd'hui à l'échelle internationale. Il serait plus judicieux de réduire ces différences entre nations que de les réintroduire à l'échelle infranationale.

Nous dépendons les uns des autres à un degré dont nous n'avons plus conscience, comme les poissons oublient l'eau qui les entoure. Le nouveau localisme, si on le débarrasse de ses branches régressives et identitaires, est un excellent terreau pour retisser nos liens quotidiens et inventer de nouvelles pratiques. Il peut contribuer utilement à l'économie humano-centrée décrite au chapitre 3. Mais n'oublions pas que nos sociétés reposent sur un tissage serré de contrats de solidarité dont l'échelle devrait être *élargie*, à l'échelle européenne au moins, plutôt que rétractée et diffractée sur une multitude d'entités locales ou micro-locales.

CHAPITRE 6

Fiscalité, finance et technologie

Le localisme, aussi imaginatif soit-il, ne suffira pas à nous tirer d'affaire. Des transformations structurelles sont nécessaires. Oui, mais lesquelles ? Le levier de la réglementation et les normes sont bien sûr essentiels. On voit par exemple leur efficacité dans la trajectoire de décarbonation du secteur automobile. Mais on connaît aussi leurs limites, car les États qui édictent les normes sont presque toujours prisonniers d'objectifs nationaux (conservation de l'emploi, compétitivité relative, etc.). En dehors de cette voie normative, trois pistes focalisent les réflexions : la fiscalité ; le verdissement de l'investissement et de la finance ; la technologie et l'innovation par les start-up (les « *green techs* »).

Ces trois pistes ont en commun de reposer *in fine* sur le jeu des marchés. C'est pourquoi elles plaisent à une majorité des économistes. Mais elles ont un autre point commun : c'est que leur prise sur le réel reste à ce jour bien modeste. La fixation d'un prix du carbone rencontre tant d'obstacles que son instauration à un niveau suffisant – en extension géographique et en montant – paraît de plus en plus incompatible avec l'urgence des défis. La finance verte fait couler beaucoup d'encre, mais elle reste marginale. Et le paysage global de la finance n'incite guère à l'optimisme.

Quant aux « *green techs* », elles sont bien loin de connaître le dynamisme qui a été et reste celui du numérique. La raison est sans doute qu'elles n'ont pas bénéficié des investissements d'infrastructures massifs qui ont permis le décollage de la Silicon Valley. En situation de changement de paradigme, la technologie, comme la finance, a besoin d'un socle stratégique. Le retour de l'État est à l'ordre du jour. Toute la question est celle de la forme que ce retour de l'État pourrait prendre, dans le contexte démocratique qui n'est pas celui de la Chine[1].

La taxe carbone : mythe ou solution miracle ?

Le réflexe naturel de l'économiste voulant internaliser une « externalité négative » est de lui donner un prix. Faire payer le carbone à son juste prix aurait, selon la théorie, le double avantage de réorienter à court terme les consommations et d'amener les entreprises à faire des choix structurels enfin vertueux. Le sujet est âprement disputé, et je me borne ici à résumer les principaux termes d'un débat qui, de plus en plus, s'oriente vers un scepticisme partagé.

Le seul pays au monde à avoir vraiment expérimenté la taxe, avec un prix significatif, est la Suède. En France, après deux échecs (on se souvient de l'écotaxe sur les transports routiers abandonnée en rase campagne), une contribution de 44,60 euros par tonne de CO_2 existe depuis 2014 pour le transport et le chauffage, à l'exception de l'industrie lourde et du transport aérien.

1. Ce chapitre doit beaucoup à Olivier Passet, notamment sur les sujets financiers. Parmi ses nombreuses chroniques sur Xerfi Canal, voir notamment la synthèse du 13 novembre 2019, « Un capitalisme rentable sans croissance : le hold-up de la valeur » et, durant le Covid, celle du 14 septembre 2020, « La finance, ce remède à la crise qui nous achèvera ».

Le taux était censé progresser, mais il a été gelé à la suite du mouvement des Gilets jaunes. Bricolée, trop faible pour peser vraiment : la taxe carbone à la française n'est pas une exception.

À l'échelle internationale, l'impact est aujourd'hui marginal. Les recettes mondiales étaient estimées à 18,5 milliards d'euros en 2017. Il n'y avait, en 2018, aucune taxe carbone en Allemagne, en Chine, aux États-Unis, en Inde et en Russie, pays qui ont les émissions les plus importantes[1]. Un rapport de l'OCDE, publié en septembre 2019, étudie 44 pays totalisant 80 % des émissions de GES issues de l'énergie. On y apprend que 70 % de ces émissions ne sont pas fiscalisées. En moyenne, le taux réel de la taxe carbone est quasiment nul. En revanche, les pouvoirs publics des 44 pays étudiés ont versé 140 milliards de dollars en 2017 au profit de la production et de la consommation de combustibles fossiles et le montant de ces aides va croissant dans certains pays[2].

On peut voir là la manifestation d'un des grands ennemis (avec l'effet Jevons déjà évoqué) de la transition écologique : le comportement du « passager clandestin ». La rationalité de chaque entité (groupe professionnel, pays) est d'attendre que les autres fassent les efforts nécessaires pour la protéger, ce qui lui évitera de le faire. Donner un prix au carbone ne peut avoir de réelle efficacité que s'il est à la fois suffisamment répandu

1. Des systèmes d'échanges de quotas carbone existent cependant en Allemagne (système européen), en Chine et dans certains États des États-Unis.

2. OCDE, *Accelerating Climate Action*, 20 septembre 2019. De nombreuses commissions se sont penchées sur la question du « bon prix » du carbone. En France, en 2008, une commission présidée par Alain Quinet au Centre d'analyse stratégique a proposé un prix de 100 euros en 2030, 150 à 300 en 2050. On imagine mal quelle trajectoire réaliste pourrait nous amener à ces niveaux ! En 2017, une commission internationale présidée par Nicholas Stern et Joseph Stiglitz a proposé un corridor de prix allant d'une fourchette 40-80 dollars en 2020 à 50-100 dollars en 2030, avec des possibilités d'applications flexibles selon les pays.

et suffisamment élevé pour peser sur les comportements. Si ce n'est pas le cas, la taxe se bornera à chasser ses « victimes » (par exemple les industries lourdes très énergivores) vers des cieux plus compréhensifs, ou même suscitera l'apparition de territoires refuges spécialisés dans cet accueil. La propension coopérative de notre planète laisse peu d'espoir.

La taxe carbone présente trois autres gros défauts. Le premier est son caractère socialement inéquitable, la part des dépenses contraintes soumises à la fiscalité carbone dans les budgets étant d'autant plus forte que les revenus sont bas. Comme le gouvernement français l'a appris à ses dépens, elle n'est donc politiquement acceptable qu'à deux conditions : son produit doit être clairement affecté à des mesures écologiques ; elle doit s'accompagner de mesures compensatoires pour les ménages les plus touchés et les plus contraints. Comment organiser cette restitution ? Des problèmes plus simples ont conduit à des usines à gaz, et il y a tout lieu d'être inquiet.

Un autre argument est qu'une taxe censée influencer des comportements n'a de sens que si des solutions de substitution existent. Dans le cas du transport automobile, on peut espérer qu'à terme relativement proche une mobilité électrique propre offrira une alternative à ceux qui sont dépendants de la voiture thermique. Mais, dans beaucoup d'autres domaines (construction, agroalimentaire, transport aérien), il n'y a guère d'alternatives technologiques mûres à court terme. Enfin, la taxe carbone est aujourd'hui impuissante à l'égard de la nécessité de préserver ou de développer les puits de carbone. Le carbone vivant n'offre aucune base taxable analogue à celle de l'industrie ou des transports, alors même qu'il appelle des investissements lourds et stratégiques pour aider la mutation de l'agriculture, préserver les forêts et les océans.

Il serait donc sage de cesser de croire au « *pricing* » du carbone comme solution miracle. Bien entendu, cela ne signifie pas que des schémas incitatifs basés sur une fiscalité du carbone soient inutiles. Bien des progrès ont été faits et continueront grâce à de tels schémas. Au Royaume-Uni, une taxe relativement légère a conduit à abandonner le charbon dans les centrales électriques (au profit du gaz, moindre mal), alors qu'il assurait 40 % de la production en 2012. Bien des signes montrent que les grandes firmes du pétrole ne seraient pas forcément hostiles à une fiscalité qui leur permettrait de se replier de manière relativement coordonnée.

D'autres propositions sont sur la table. Pierre Calame considère que la seule bonne option est de donner à chaque citoyen une allocation carbone à dépenser, conforme aux objectifs généraux de la neutralité carbone et pouvant faire l'objet d'échanges, comme une sorte de monnaie[1]. Cette solution, qui est en réalité un rationnement, ne présente pas, sur le papier, les effets pervers de la taxe carbone. Mais on imagine mal sa mise en œuvre, qui supposerait une infrastructure de données et de calcul peu réaliste à ce jour.

Désinvestir des secteurs thermo-fossiles

Comme dit Bill McKibben, « l'argent est l'oxygène qui alimente le feu du réchauffement climatique[2] ». Pour diminuer les émissions, on pourrait commencer par couper les flux financiers qui alimentent les industries fossiles (charbon, pétrole, gaz) : cette idée n'a pas échappé à divers groupes activistes qui, depuis une décennie, essaient d'inciter les banques, les grands gestionnaires d'actifs et les compagnies d'assurances à retirer

1. Voir le *blog.pierre-calame.fr* et la tribune publiée dans *Le Monde* le 12 août 2020, cosignée notamment par Dominique Méda et Michèle Rivasi, « Le défi du XXIe siècle est d'assurer le bien-être de tous dans le respect de la biosphère ».

2. Bill McKibben, « Money is the oxygen on which the fire of global warming burns », *The New Yorker*, 17 septembre 2019. Bill McKibben est le fondateur de l'ONG très active 350.org.

leur soutien aux grandes firmes du complexe fossile. Ce mouvement a trouvé des alliés inattendus comme le Rockefeller Family Fund (les descendants du fondateur de la Standard Oil). Il n'est pas sans effets. En 2016, Peabody Energy, la première compagnie charbonnière du monde, a fait faillite et a cité le désinvestissement comme une des sources principales de ses ennuis.

Un activisme du bonnet d'âne (*naming and shaming*) s'est mis en place, qui scrute les bilans des grandes institutions financières. Une ONG californienne publie un rapport annuel, « Banking on Climate Change », qui classe les géants financiers mondiaux en fonction de leurs investissements anti-écologiques. En tête, on trouve la première banque américaine, JPMorgan Chase, et d'autres banques nord-américaines. Dans les trois années qui ont suivi les accords de Paris, Chase aurait ainsi engagé près de 200 milliards de dollars dans le financement de projets fossiles.

La vue d'ensemble des investissements est plutôt décourageante. Pour compenser la baisse annoncée des débouchés dans les transports, la pétrochimie investit massivement dans le plastique, qui devrait devenir le principal moteur du développement de cette industrie, alors qu'on en connaît les dégâts à long terme, notamment sur la biodiversité marine. En Europe, l'un des plus gros investissements privés en cours est celui de la construction d'une méga-usine pétrochimique à Anvers par Ineos, la firme de Jim Ratcliffe, l'homme le plus riche du Royaume-Uni.

Toutefois, un consensus émerge progressivement sur le fait qu'un désinvestissement massif dans les industries fossiles est inexorable à terme, se traduisant par un énorme montant potentiel d'« actifs échoués », parmi lesquels figurent notamment les réserves minières et pétrolières non utilisées par les compagnies[1].

1. Voir le discours historique de Mark Carney, alors gouverneur de la Banque d'Angleterre, tenu en 2015 au Lloyd's, sur https://

Même si les actions de désinvestissement actuelles ressemblent à des piqûres de moustique sur un éléphant, chacun sait que l'éléphant est sérieusement menacé. L'effondrement des prix du pétrole et la crise née du Covid pourraient du reste précipiter le mouvement. Le 14 septembre 2020, Bernard Looney, le patron de BP, a annoncé que, selon les estimations de la major britannique, la consommation mondiale de pétrole ne devrait plus augmenter désormais, se stabiliser autour de 100 millions de barils par jour pour les vingt prochaines années (essentiellement en raison des gains d'efficacité et de l'électrification du transport routier). Le même groupe, en 2019, estimait que la demande mondiale progresserait de 40 % d'ici à 2040 !

Le mouvement de désinvestissement pourrait s'étendre. La Norvège, qui prétend être le pays le plus propre du monde – et le plus hypocrite, car sa fortune est issue du pétrole – vient de durcir considérablement les conditions d'accès à son fonds souverain, excluant notamment les géants miniers, dès lors qu'ils sont présents dans le charbon. Total a annoncé en septembre 2020 que sa production de pétrole allait diminuer d'ici à 2030, tout en confirmant ses ambitions dans le gaz naturel liquéfié[1].

L'investissement écologique

Décourager l'investissement dans les secteurs nocifs est une chose. Encourager l'investissement vertueux en est une autre. En théorie, la tâche devrait être relativement aisée. L'argent est surabondant. Et les experts s'accordent sur le fait que les sommes

www.bankofengland.co.uk/speech/2015/breaking-the-tragedy-of-the-horizon-climate-change-and-financial-stability

1. Voir Vincent Collen, « Total va diminuer sa production de pétrole, une première en un siècle », *Les Échos*, 5 octobre 2020.

à investir à la fois pour l'adaptation au réchauffement et pour sa réduction ne sont pas si astronomiques qu'on pourrait le craindre.

Nicholas Stern, dans un rapport de 2006 qui a fait date, soulignait que les coûts de l'inaction étaient beaucoup plus élevés que les coûts de l'action nécessaire. Selon lui, ils pourraient représenter, à l'horizon 2050, entre 5 % et 20 % du PIB mondial de 2005 par an, alors qu'une stabilisation des émissions de GES ne coûterait que 1 % du PIB mondial par an[1]. Le problème n'est pas la rareté des fonds potentiellement disponibles. Il est dans le fait que le système financier ne dirige pas l'épargne surabondante vers les investissements de long terme permettant la transition écologique (et vers l'économie productive en général).

Dans le discours, les choses bougent. Larry Fink, patron de BlackRock, principal gestionnaire d'actifs de la planète (6 000 milliards de dollars), déclare solennellement dans sa lettre annuelle aux PDG du monde qu'il veut désormais privilégier les investissements responsables et durables et que les dirigeants des innombrables entreprises dans lesquelles il investit seront jugés sur leur engagement écologique[2]. Les investissements décarbonés devraient du reste être une bonne affaire. Investir dans des entreprises ou des projets décarbonés semble aujourd'hui offrir un rendement comparable aux rendements moyens[3]. Mais dès

1. Certains économistes, comme William D. Nordhaus, prix Nobel 2018, considèrent ces coûts comme parfaitement acceptables, dans une indifférence incroyable aux dégâts humains prévisibles. Son modèle « optimal » mettant en balance les coûts et les avantages conduit à un réchauffement de 3,5 °C !

2. L'investissement vert est souvent considéré comme un sous-ensemble de l'« investissement socialement et écologiquement responsable ». Voir Larry Fink, « A fundamental reshaping of finance », *Letter 2020 to Our CEO's*, disponible sur blackrock.com.

3. Carbone 4, un bureau d'étude fondé en 2007 par Alain Grandjean et Jean-Marc Jancovici, a lancé avec Euronext un indice « bas carbone » auquel adhèrent 100 firmes, et qui permet de suivre les rendements.

que la décarbonation des actifs franchira un seuil, l'indice « bas carbone » devrait théoriquement offrir un rendement supérieur.

À ce jour, la « finance verte » *stricto sensu* (les obligations vertes) reste un segment marginal de la finance de marché. Les flux de financements, publics ou privés, orientés vers la transition écologique restent timides. Pour fixer les idées, dans le cas de la France, l'institut I4CE de la Caisse des dépôts estime à environ 46 milliards le montant des investissements annuels dans les actifs (tangibles) dits « bas carbone », dont la moitié relève du secteur public, les deux plus gros postes étant la rénovation des bâtiments et les transports (ferrés notamment). Il manquerait entre 15 et 18 milliards pour atteindre les objectifs de la « Stratégie nationale bas carbone » décidée par le gouvernement en avril 2020. Le plan de relance devrait augmenter le volume de ces investissements. Il repose toutefois sur des hypothèses optimistes et fragiles, comme le taux effectif de rénovation thermique des bâtiments.

La politique de la couleur

Le « verdissement » de la finance pose bien des questions, et d'abord celle des définitions : qu'est-ce qu'un investissement vert ? Une réflexion est en cours en Europe pour éviter le « *green washing* », largement pratiqué, et établir des taxonomies précises, afin de donner aux politiques publiques une base moins floue. Hélène Rey préconise une information transparente : « Il faudrait que les grandes entreprises soumettent des comptes environnementaux audités, où elles devraient évaluer leur impact environnemental sur toute leur chaîne de production[1]. » Ce beau programme est hélas peu réaliste, ne fût-ce qu'en raison de la

1. Hélène Roy, « Environnement : la myopie coupable des investisseurs », *Les Échos*, 11 avril 2019.

fragmentation et de la complexité des chaînes de valeur. Mais le problème est surtout qu'un investissement peut être plus ou moins vert selon le contexte dans lequel il est déployé.

Il y a dans l'approche des économistes et des politiques publiques un postulat d'indépendance et d'additivité des investissements qui est problématique, surtout dans le contexte où les enjeux clés concernent des émissions et des pollutions diffuses, dépendant d'une multitude d'acteurs et reliées entre elles. Distinguer une centrale électrique à charbon d'une centrale solaire ne pose pas de défi cognitif majeur. S'agissant des mobilités et des bâtiments, les choses sont plus compliquées, car systémiques. Trier dans les budgets publics les « gentils » investissements (rénovation thermique, réseau ferré, voies cyclables) et les « méchants » (routes, aéroports, etc.) est pour le moins rustique ! Il arrive qu'un bout de route soit localement plus écologique qu'une ligne ferrée.

La politique de la couleur a ses limites. La question importante n'est pas celle de l'intitulé de l'investissement, mais de la pertinence systémique des projets. Le cas de la rénovation thermique des bâtiments, tarte à la crème des politiques publiques, adoubée par la Convention citoyenne, reprise en majesté dans le plan de relance, est typique de cette vision peu systémique.

Bien sûr, réduire les passoires thermiques est une politique indispensable. Mais, outre le fait que la rénovation des enveloppes est particulièrement sensible à l'effet rebond (on monte le thermostat et tout le gain est perdu), cette obsession des enveloppes du bâtiment laisse de côté d'autres enjeux, de magnitude équivalente : le carbone gris des matériaux de construction, les équipements électriques et électroniques du logement, le mode de production de la chaleur et du froid. Elle oublie surtout que la localisation est le premier facteur d'émissions. Une bouteille thermos dans un lotissement inaccessible est moins écologique qu'un logement à peu près isolé mais relié aux transports publics.

L'investissement vert mérite donc d'être contextualisé dans des politiques locales spécifiques. Mais il appelle aussi des formes de cadrage plus globales. Dans un contexte de changement de paradigme, pour que les investissements privés puissent acquérir leur plein impact, il est indispensable qu'ils soient accompagnés d'investissements d'infrastructure et de cadrage, lesquels sont en général hors de portée des acteurs privés.

Pensons aux réseaux ferroviaires transeuropéens, dont l'interconnexion est toujours inachevée. Pensons à la refonte profonde des réseaux électriques qu'implique le passage à des énergies renouvelables et intermittentes. Pensons aussi aux coûts de reconversion des régions charbonnières, accompagnement indispensable si l'on souhaite permettre à des pays comme la Pologne de se diriger vers la décarbonation. L'absence de perspectives claires fixées par les États est un facteur majeur d'attentisme pour les investisseurs.

Or, depuis des décennies, la chute de l'investissement public en Europe est spectaculaire, surtout si l'on prend en compte la dépréciation de l'existant. En termes nominaux, l'investissement public en Europe est passé de 4 % du PIB à 2 % en trente ans. En tenant compte de l'usure des actifs (vieillissement des infrastructures routières et ferroviaires), il est, selon divers auteurs, proche de zéro, voire négatif, la situation française restant moins inquiétante que la moyenne.

Retrouver une boussole

On peut espérer que le « *new deal* vert » désormais prôné par l'Europe et les plans de relance liés à la crise pandémique vont débloquer la situation d'attentisme actuelle. Mais il est crucial de comprendre qu'il ne s'agit pas seulement de mettre en place une tuyauterie financière, de créer de nouvelles banques ou de nouveaux guichets, de déverser des liquidités en privilégiant certaines classes génériques d'investissements par rapport à d'autres. La question de fond est : pour quels projets ? Quels projets cohérents à l'échelle des villes ou des régions ? Quel projet d'ensemble à l'échelle européenne et nationale ? Comment, par exemple, espérer une convergence des investissements verts dans l'énergie, alors que l'Europe ne dispose pas d'une politique globale cohérente dans ce domaine ?

La confiance que nos gouvernants continuent à placer dans les capacités auto-organisatrices des marchés est particulièrement angélique dans le contexte actuel : celui d'un capitalisme où coexistent une abondance sans précédent de capitaux et un énorme déficit en termes de projets concrets, y compris les plus nécessaires. Comme l'écrit Jean-Charles Hourcade,

> Les batailles ne seront pas gagnées en ordonnant aux Banques centrales et à la BCE d'injecter des trillions dans l'économie. Cette image d'une manne financière à distribuer fait l'impasse sur le fait que l'économie moderne est minée par un écart structurel entre une forte propension à épargner et une réticence à l'investissement productif[1].

Et Olivier Passet de résumer la situation :

> Faute de coordination, faute d'impulsion d'un État hégémonique pour donner le *la* technologique et bâtir rapidement des économies d'échelle, les investisseurs se regardent en chiens de faïence et ne se lancent pas. Le capitalisme financiarisé a poussé au plus haut la rentabilité du capital et les ressources d'autofinancement, les Banques centrales ont poussé au plus haut la liquidité et, face à l'abondance des fonds mobilisables, la demande de fonds pour bâtir un capitalisme durable reste paralysée. Les taux d'intérêt négatifs sonnent alors comme l'oraison

1. Jean-Charles Hourcade, « Dans l'après-Covid, comment financer une relance verte ? », *Confrontations Europe*, 20 mai 2020.

> funèbre d'un capitalisme financiarisé, où l'argent est surabondant mais ne sait plus où s'investir pour porter la croissance de demain[1].

Le régime macroéconomique dans lequel nous vivons se caractérise par un contraste qui défie toutes les théories établies : d'un côté des niveaux de rentabilité très élevés, économiques et financiers, de l'autre des taux d'intérêt nuls ou négatifs. Les rentabilités élevées résultent de la globalisation, des effets de réseau et des monopoles qu'ils ont créés dans le monde numérique, de l'affaiblissement général des syndicats et du développement du travail à la demande mal protégé. Normalement, cette rentabilité devrait créer une énorme appétence pour l'investissement, qui elle-même devrait, toujours en théorie, pousser à la convergence entre taux et rendements.

Or nous ne voyons rien de cela. Nous restons dans une période de taux historiquement bas, voire négatifs, en raison des masses gigantesques de liquidités injectées par les Banques centrales dans l'économie, créant une situation auto-entretenue en raison des effets dévastateurs qu'aurait une remontée de ces taux. La crise du Covid, loin d'améliorer les choses, ne fait que renforcer la spirale négative. Au fond, comme le dit Olivier Passet, cette situation de taux nuls montre que nous vivons dans un capitalisme *qui ne sait plus donner de prix au futur*.

Compter sur les marchés financiers pour trier les « bons » investissements est totalement illusoire. La sphère financière se nourrit d'elle-même, accumulant les rentes et les effets d'enrichissement sans base réelle productive. L'investissement immobilier au cœur des grandes métropoles, qui deviennent des coffres-forts où se stocke la valeur pour les plus riches, est un marqueur concret, parmi d'autres, de cette économie où les « *takers* » semblent avoir complètement pris la main sur les « *makers* » (pour

1. Olivier Passet sur la chaîne Xerfi Canal, 18 octobre 2019.

reprendre les termes de Mariana Mazzucato), à l'exact opposé de ce dont nos sociétés et la planète ont besoin en ce temps d'urgence[1].

La technologie : Schumpeter et Janeway

Après la fiscalité et le verdissement de la finance, la troisième voie de salut pourrait-elle être l'innovation technologique, version start-up ? Il est évident que les multiples défis écologiques doivent faire l'objet de nouvelles recherches, y compris fondamentales. De la production d'hydrogène vraiment vert aux nouvelles batteries, en passant par le stockage du CO_2, ce ne sont pas les sujets qui manquent. Leur place actuelle dans les programmes publics, les universités et les centres de recherche est difficile à chiffrer, tant les thèmes sont divers. Elle n'est certainement pas à la hauteur des enjeux. S'agissant du passage de la science à l'échelle de l'économie, il faut questionner le prêt-à-porter intellectuel désormais omniprésent, selon lequel le neuf surgirait de l'ancien de manière quasi organique, par le jeu darwinien et schumpétérien de la « destruction créatrice »[2].

Ce modèle, celui de la « start-up nation » du président Macron, aurait définitivement renvoyé aux oubliettes le colbertisme étatique et le bureaucratisme conservateur des grandes firmes. Cette vision, avec son cortège de concepts chics (« disruption » à tous les étages), s'appuie sur le modèle de la révolution

1. Mariana Mazzucato, *The Value of Everything. Making and Taking in the Global Economy*, Londres, Penguin, 2018.

2. On notera au passage que cette vision repose sur une version « *light* » de Schumpeter, éloignée de la complexité (et du pessimisme) du vrai Schumpeter.

numérique, mais elle oublie un fait massif : c'est que cette dernière n'existerait pas sans les investissements gigantesques de l'État, américain en l'occurrence[1].

Sans les investissements publics, il n'y aurait ni microprocesseurs, ni internet, ni nanotechnologies. La Silicon Valley n'est pas seulement le résultat de la rencontre d'entrepreneurs héroïques et de financiers téméraires. Elle est née dans les bureaux du Pentagone. Dans le contexte de la guerre froide, l'État américain s'est comporté en entrepreneur. « Le premier et le plus important des éléments de l'économie de l'innovation est l'existence de sources de financement découplées de toute considération de retour sur investissement. » Ce n'est pas un colbertiste ringard qui le rappelle, mais Bill Janeway, vétéran du capital-risque au sein de la légendaire société Warburg Pincus[2].

Le modèle de Janeway s'organise autour d'un triangle : une base d'initiative publique, hors critères de retour sur investissement, à partir d'un État attaché à une mission (*mission driven State*) ; des financements spéculatifs qui explorent, par essais et erreurs, les univers du possible en surfant sur les infrastructures publiques, au prix de bulles successives, gaspilleuses mais nécessaires ; une intégration progressive des nouveautés par les marchés traditionnels. L'État n'est pas là pour compenser les défaillances de marché, mais pour amorcer le processus, en fonction d'objectifs collectifs clairement sociopolitiques, et pour en gérer les conséquences néfastes. Sans lui, le cercle vertueux ne s'enclenche pas.

1. Mariana Mazzucato l'a rappelé récemment dans un livre qui a d'autant plus marqué le monde anglophone qu'il va à rebours de la religion du marché : *The Entrepreneurial State. Debunking Public vs. Private Sector Myths,* Londres, Anthem Press, 2013.

2. Son livre *Doing Capitalism in the Innovation Economy*, Cambridge, Cambridge University Press, 2018, présente une analyse particulièrement riche des mécanismes de l'innovation.

Où sont les États ?

Il est particulièrement intéressant d'appliquer ce modèle à l'innovation dans les technologies vertes. Le moins qu'on puisse dire est qu'elles sont loin d'avoir décollé comme les technologies numériques. Au moment de l'éclatement de la bulle internet, on a cru que la Silicon Valley allait se reconvertir au *green* et au *clean*. Il n'en a rien été. Les investissements massifs du capital-risque dans le vert, après 2005, ont été très décevants. De nombreux financiers y ont laissé des plumes[1].

La financiarisation des GAFAM, l'émergence de ce modèle inversé de la finance qui privilégie la croissance sur la rentabilité, en exploitant à fond les effets de « scalabilité » du numérique[2], ne favorisent pas les investissements dans des secteurs où ces effets de scalabilité sont moins évidents, c'est-à-dire des secteurs où il faut d'abord créer des effets d'échelle industriels traditionnels, comme pour le photovoltaïque[3].

Dès lors, il est choquant mais cohérent de voir des firmes comme Apple empiler des Himalaya de cash, privilégier la rentabilité pour la rentabilité, racheter leurs actions pour faire monter les cours et les dividendes, sans s'attaquer aux grands défis

1. Voir Benjamin Gaddy, Varun Sivaram et Francis O'Sullivan, « Venture capital and cleantech : The wrong model for clean energy innovation », *MIT Energy Initiative-Working Paper*, 2016-06. Cette étude passionnante montre en détail pourquoi le modèle du numérique ne peut pas se transposer aux *green techs*.

2. Il faut d'abord, en profitant des effets de réseau, croître le plus rapidement possible et occuper l'espace de la demande potentielle, avant de bénéficier des effets de monopole (ou d'oligopole) ainsi créés pour retrouver de la rentabilité.

3. Voir Benjamin Gaddy, Varun Sivaram et Francis O'Sullivan, « Venture capital and cleantech : The wrong model for clean energy innovation », *op. cit.*

sociétaux comme le climat ou la santé. Certes, la créativité des entrepreneurs du numérique peut apporter sa pierre à de nombreux sujets écologiques, mais les exemples montrent que cet apport du numérique reste essentiellement tourné vers l'optimisation et n'est pas à la mesure d'un changement de paradigme. D'ailleurs, lorsqu'on lit les auteurs phares de la révolution numérique, il est sidérant de voir que la question écologique est souvent complètement absente ou, au mieux, subordonnée à l'eschatologie numérique, considérée comme la promesse technologique ultime.

Le problème central est aujourd'hui que les grands États – sauf la Chine – ne sont pas au rendez-vous. Les tentatives d'Obama pour lancer une grande initiative autour de l'économie post-carbone ont fait long feu, dans un pays où les climatosceptiques tiennent le haut du pavé. Les fonds de capital-risque et les entrepreneurs américains restent massivement focalisés sur le déploiement du monde numérique, à l'exception de quelques cas comme Elon Musk et Bill Gates. Le budget de l'ARPA-E, agence pour le financement de la recherche avancée sur l'énergie, n'a jamais dépassé 300 millions de dollars (une paille à côté des financements de son modèle, la DARPA, pilier de la révolution numérique). Outre-Atlantique, rien de comparable n'a émergé à l'État « *mission driven* » qui a permis le lancement de l'aventure digitale.

De nombreux observateurs, dont Janeway, pensent que l'Amérique a manqué le rendez-vous avec la révolution verte, appelée à succéder à la révolution numérique – avec cette énorme différence que le temps est désormais compté et rend d'autant plus nécessaire l'intervention étatique pour booster le mouvement. La Chine, à ce jour, fait la course en tête. Dès 2010, l'investissement de la Chine dans les énergies propres était supérieur de 50 % à celui des États-Unis, pour une économie qui était alors deux fois plus petite. Aujourd'hui, la Chine est le leader mondial dans les investissements industriels pour les énergies renouvelables (en 2017, elle concentrait 56 % des capacités mondiales dans le solaire) et son écosystème de start-up vertes est impressionnant.

Reste l'Europe, comme toujours victime de sa fragmentation. Ses atouts sont certains : ressources scientifiques, marché intérieur vaste, conscience étendue des risques et des enjeux dans les populations. Mais le chemin n'est pas simple et le risque est que nous nous contentions de niches privilégiées, captées par certains États, comme le Danemark dans l'éolien. Une difficulté majeure est que personne ne sait vraiment quel sera l'équivalent de l'internet comme « plateforme centrale » sur laquelle pourraient danser les entrepreneurs, pour reprendre l'image de Janeway. Et l'*impetus* politique surpuissant des États-Unis dans la guerre froide paraît hors d'attente. En toute hypothèse, l'idée que les États européens et l'Union pourraient se contenter d'encourager les start-up et les entrepreneurs, sans infrastructures majeures et sans feuille de route globale, n'est pas à la hauteur de l'enjeu.

CONCLUSION

L'État et la bifurcation écologique

Il n'est pas d'exemple historique, dans la période récente, où un changement de paradigme n'ait pas mis l'État au centre du jeu. Ce fut le cas pour les grandes mutations techniques, celles du ferroviaire, de l'électricité, de l'internet, mais aussi pour les grands virages sociaux.

Anton Brender fait une analogie, *a priori* surprenante, avec la réorientation « sociale » du capitalisme au cours du XIXe et du XXe siècle[1]. Comme l'environnement aujourd'hui, une partie du travail était alors gratuite ou quasi gratuite. Mais le travail des enfants a fini par être interdit et les lois sociales (plus ou moins péniblement et tardivement) imposées aux firmes, globalement réticentes. Pensons aussi à la socialisation des risques après la Seconde Guerre mondiale.

Ni les marchés financiers, ni le darwinisme de la technologie, ni la multiplication de projets verts à l'échelle des villes ne sont aujourd'hui capables d'embarquer nos économies et nos

1. Anton Brender, *Capitalisme et Progrès social*, Paris, La Découverte, 2020.

sociétés dans un véritable changement de modèle. Et les États ne peuvent plus se contenter de canaliser des masses de dépenses vers des initiatives privées ou locales, en se limitant à effectuer un tri dans les listes de projets portés par les firmes, les lobbys, les territoires. Ils doivent reprendre la main : développer des programmes de recherche publics à la hauteur des défis ; fixer des perspectives stratégiques cohérentes, par exemple en matière énergétique ; mettre en place les grandes infrastructures physiques et normatives ; et bien sûr veiller à l'équilibre entre objectifs sociaux et économiques, et à l'accompagnement social des mutations.

On entend d'ici les cris d'horreur. « Retour de l'État », « dirigisme », « planification » sont devenus des mots imprononçables, ontologiquement ringards pour une grande partie des élites. L'autoritarisme chinois ajoute à leur dévalorisation, tout en suscitant une fascination inquiète. Le doute s'installe chez certains. La démocratie à l'européenne serait-elle incompatible avec l'élaboration de choix collectifs affirmés, échappant à la logique des marchés et tout particulièrement aux formes toxiques qu'a prises la sphère financière au cours des dernières décennies ? On pensera, non sans raison, que nos États bureaucratisés, tatillons, englués dans le micro-management, de plus en plus coupés des attentes d'une population bien plus éduquée que dans les générations précédentes, ne sont pas les mieux équipés pour conduire une aventure aussi exigeante. Mais avons-nous un autre choix ?

Il faut oser voir large et loin. Il faut oser reparler de « planification ». Mais le contre-sens serait de la concevoir à l'ancienne, comme un déploiement technocratique de solutions élaborées par les seuls échelons centraux des États. Nous vivons dans des sociétés où dominent les schémas de pouvoir distribués en réseau, où les citoyens et les entités de la société dite « civile » interviennent de façon multiple, à de multiples niveaux. Nos économies sont des économies mixtes (public/privé) où les compétences sont très largement diffusées dans le corps social. Il est d'ailleurs vital que toutes ces compétences soient mobilisées dans la bifurcation, y compris celles qui proviennent de secteurs en déclin structurel.

Le lien entre puissance étatique et centralisation hiérarchique est issu d'une forme historique particulière, qui devient de plus en plus anachronique. D'autres formes sont à inventer. Un État pilote – et pas seulement « stratège », formule désormais usée par une rhétorique sans contenu – peut et doit laisser une grande place à la créativité des communautés locales et professionnelles. Mais il faut une piste sur laquelle danser !

Le fonctionnement de la sphère financière est au cœur du sujet. Pour aller vers une société plus écologique et plus juste, des marges de manœuvre existent au sein de l'économie « réelle » engagée dans la trajectoire hyper-industrielle. Les industriels, habitués à optimiser l'usage des ressources, peuvent être des alliés de la transition. Mais tant que leurs actionnaires financiers exigeront des taux de rendement comparables à ceux de leurs investissements spéculatifs, leurs efforts resteront bridés.

Par ailleurs, la bifurcation écologique doit être intégrée dans une transformation globale de nos économies et de nos sociétés, pour trouver sa place dans la construction d'un monde désirable. L'émergence de l'économie humano-centrée constitue à cet égard un levier privilégié. Mais l'économie de l'individu – santé, éducation, loisir, mobilité, sécurité – est une proie potentielle de choix pour les plateformes et les géants du numérique, dans une logique d'individualisation marchande exacerbée. Sur tous ces fronts, l'État – la puissance collective et démocratique – doit prendre le contrôle.

Enfin, la réduction des inégalités est vitale, car elles minent nos démocraties, comme chacun le voit. Les combattre en restant dans le seul champ de la redistribution n'est pas suffisant. Il faut aller au cœur du problème, qui réside dans la dissociation perverse entre les rentes, le gonflement des prix des actifs financiers ou immobiliers notamment, et les contributions productives. L'enjeu n'est pas seulement de reprendre aux nouveaux rentiers ce qu'ils se sont indûment adjugé. La gloutonnerie financière est une réalité, mais les inégalités se nourrissent aussi de l'atonie des débouchés dans l'économie réelle et donc de la faiblesse des cadrages publics qui entretiennent cette atonie, tellement choquante à l'heure où il y a tant à faire pour éradiquer les maladies, créer des villes respirables, renouveler l'agriculture et garder notre Terre habitable.

Table

Dans la même collection

Éric Maurin
L'Égalité des possibles
(2002)

Thérèse Delpech
Politique du chaos
(2002)

Olivier Roy
Les Illusions du 11 septembre
(2002)

Jean-Paul Fitoussi
La Règle et le Choix
(2002)

Michael Ignatieff
Kaboul-Sarajevo
(2002)

Daniel Lindenberg
Le Rappel à l'ordre
(2002 et nouvelle édition
avec une postface inédite, 2016)

Pierre-Michel Menger
Portrait de l'artiste en travailleur
(2003)

Hugues Lagrange
Demandes de sécurité
(2003)

Xavier Gaullier
Le Temps des retraites
(2003)

Suzanne Berger
Notre première mondialisation
(2003)

Robert Castel
L'Insécurité sociale
(2003)

Bruno Tertrais
La Guerre sans fin
(2004)

Thierry Pech, Marc-Olivier Padis
Les Multinationales du cœur
(2004)

Pascal Lamy
La Démocratie-monde
(2004)

Philippe Askenazy
Les Désordres du travail
(2004)

François Dubet
L'École des chances
(2004)

Éric Maurin
Le Ghetto français
(2004)

Julie Allard, Antoine Garapon
Les Juges dans la mondialisation
(2005)

François Dupuy
La Fatigue des élites
(2005)

Patrick Weil
La République et sa diversité
(2005)

Jean Peyrelevade
Le Capitalisme total
(2005)

Patrick Haenni
L'Islam de marché
(2005)

Marie Duru-Bellat
L'Inflation scolaire
(2006)

Jean-Louis Missika
La Fin de la télévision
(2006)

Daniel Cohen
Trois Leçons sur la société post-industrielle
(2006)

Louis Chauvel
Les Classes moyennes à la dérive
(2006)

François Héran
Le Temps des immigrés
(2007)

Dominique Méda, Hélène Périvier
Le Deuxième Âge de l'émancipation
(2007)

Thomas Philippon
Le Capitalisme d'héritiers
(2007)

Youssef Courbage, Emmanuel Todd
Le Rendez-vous des civilisations
(2007)

Robert Castel
La Discrimination négative
(2007)

Laurent Davezies
La République et ses territoires
(2008)

Gösta Esping Andersen
(avec Bruno Palier)
Trois Leçons sur l'État-providence
(2008)

Loïc Blondiaux
Le Nouvel Esprit de la démocratie
(2008)

Jean-Paul Fitoussi, Éloi Laurent
La Nouvelle Écologie politique
(2008)

Christian Baudelot, Roger Establet
L'Élitisme républicain
(2009)

Éric Maurin
La Peur du déclassement
(2009)

Patrick Peretti-Wattel, Jean-Paul Moatti
Le Principe de prévention
(2009)

Esther Duflo
Le Développement humain
Lutter contre la pauvreté (I)
(2010)

Esther Duflo
La Politique de l'autonomie
Lutter contre la pauvreté (II)
(2010)

François Dubet
Les Places et les Chances
Repenser la justice sociale
(2010)

Dominique Cardon
La Démocratie Internet
Promesses et limites
(2010)

Dominique Bourg, Kerry Whiteside
Vers une démocratie écologique
Le citoyen, le savant et le politique
(2010)

Patrice Flichy
Le Sacre de l'amateur
(2010)

Camille Landais, Thomas Piketty, Emmanuel Saez
Pour une révolution fiscale
*Un impôt sur le revenu pour le XXI*e *siècle*
(2011)

Pierre Lascoumes
Une démocratie corruptible
(2011)

Philippe Aghion, Alexandra Roulet
Repenser l'État
Pour une social-démocratie de l'innovation
(2011)

Collectif
Refaire société
(2011)

Dominique Goux, Éric Maurin
Les Nouvelles Classes moyennes
(2012)

Blanche Segrestin, Armand Hatchuel
Refonder l'entreprise
(2012)

Nicolas Duvoux
Le Nouvel Âge de la solidarité
Pauvreté, précarité et politiques publiques
(2012)

François Bourguignon
La Mondialisation de l'inégalité
(2012)

Laurent Davezies
La crise qui vient
La nouvelle fracture territoriale
(2012)

Michel Kokoreff, Didier Lapeyronnie
Refaire la cité
L'avenir des banlieues
(2013)

Hervé Le Bras, Emmanuel Todd
Le Mystère français
(2013)

Camille Peugny
Le Destin au berceau
Inégalités et reproduction sociale
(2013)

Fabienne Brugère
La Politique de l'individu
(2013)

Gabriel Zucman
La Richesse cachée des nations
(2013 et nouvelle édition, mise à jour et augmentée, 2017)

Marie Duru-Bellat
Pour une planète équitable
L'urgence d'une justice globale
(2014)

Antoine Vauchez
Démocratiser l'Europe
(2014)

François Dubet
La Préférence pour l'inégalité
Comprendre la crise des solidarités
(2014)

Claudia Senik
L'Économie du bonheur
(2014)

Julia Cagé
Sauver les médias
Capitalisme, financement participatif et démocratie
(2015)

Laurent Davezies
Le Nouvel Égoïsme territorial
Le grand malaise des nations
(2015)

Éric Maurin
La Fabrique du conformisme
(2015)

Hervé Le Bras
Le Nouvel Ordre électoral
Tripartisme contre démocratie
(2016)

Irène Théry
Mariage et Filiation pour tous
Une métamorphose inachevée
(2016)

Grégoire Kauffmann
Le Nouveau FN
Les vieux habits du populisme
(2016)

François Dubet
Ce qui nous unit
Discriminations, égalité, reconnaissance
(2016)

Pierre Veltz
La Société hyper-industrielle
Nouvelles formes productives et territoriales
(2017)

Annabelle Allouch
La Société du concours
L'empire des classements scolaires
(2017)

Julien Damon
Un monde de bidonvilles
Migrations et urbanisme informel
(2017)

Armelle Choplin, Olivier Pliez
La Mondialisation des pauvres
(2018)

Baptiste Kotras
La Voix du web
Nouveaux régimes de l'opinion sur Internet
(2018)

Nicolas Frémeaux
Les Nouveaux Héritiers
(2018)

Clément Carbonnier, Nathalie Morel
Le Retour des domestiques
(2018)

Éric Charmes
La Revanche des villages
Essai sur la France périurbaine
(2018)

François Dubet
Le Temps des passions tristes
Inégalités et populisme
(2019)

Yann Algan, Elizabeth Beasley, Daniel Cohen, Martial Foucault
Les Origines du populisme
Enquête sur un schisme politique et social
(2019)

Justine Lacroix, Jean-Yves Pranchère
Les droits de l'homme rendent-ils idiot ?
(2019)

Vanessa Wisnia-Weill
Les Nouveaux Pouvoirs d'agir
(2020)

Christian Ben Lakhdar
Addicts
Les drogues et nous
(2020)

Martine Storti
Pour un féminisme universel
(2020)

Romain Badouard
Les nouvelles lois du web
Censure et modération
(2020)

RÉALISATION : NORD COMPO À VILLENEUVE-D'ASCQ
IMPRESSION : NORMANDIE ROTO IMPRESSION S.A.S À LONRAI
DÉPÔT LÉGAL : JANVIER 2021. N° 147229 (2004583)
IMPRIMÉ EN FRANCE